J. H. DACANAL

MANUAL DE PONTUAÇÃO
TEORIA E PRÁTICA

5ª edição / Porto Alegre-RS / 2016

Coordenação editorial: Maitê Cena
Capa e projeto gráfico: Marco Cena
Revisão: do Autor
Produção editorial: Bruna Dali e Maiara Morbene
Produção gráfica: André Luis Alt

Dados Internacionais de Catalogação na Publicação (CIP)

D117m   Dacanal, José Hildebrando

Manual de Pontuação – teoria e prática / José Hildebrando Dacanal.
– Porto Alegre: 5ª edição. Edições BesouroBox, 2016.
160 p.; 16 x 23cm.

ISBN 978-85-5527-035-2

1. Gramática 2. Semântica 3. Sintaxe I. Título

CDU 81'37

Bibliotecária responsável Kátia Rosi Possobon CRB10/1782

Copyright © J. H. Dacanal, 2016.

Todos os direitos desta edição reservados a
Edições BesouroBox Ltda.
Rua Brito Peixoto, 224 - CEP: 91030-400
Passo D'Areia - Porto Alegre - RS
Fone: (51) 3337.5620
www.besourobox.com.br

Impresso no Brasil
Agosto de 2016

Sumário

Ao leitor / 5

Primeira Parte
A teoria das unidades sintático-semânticas / 7
I Natureza e função da pontuação / 9
II Uma falsa premissa / 13
III A prática e a teoria / 19
IV As unidades sintático-semânticas / 23
V A questão da intercalação / 27
VI A lógica invertida / 31
VII Os sinais de pontuação / 35
VIII Regras, falsas regras e outras questões / 45
IX O poeta, o poema e a pontuação / 69
X O *casus pendens* / 83
XI Um enigma recente / 89
XII A semântica é a rainha / 95
XIII Casos insolúveis / 97
XIV Uma última palavra / 105

Segunda Parte
Exercícios / 107
I Exemplos comentados / 111
II Testes / 139

Terceira Parte
Anexos / 145
I Entrevista a Ney Gastal / 147
II Um prefácio heterodoxo / 155
III Advertência ao leitor / 159

Ao leitor

Esta obra foi publicada pela primeira vez em 1987, sob o título de *A pontuação: teoria e prática*, obtendo considerável sucesso editorial. Em 2007, em sua 4ª edição, foi revista e ampliada, com a inclusão de exercícios e testes. Desde então, por motivos alheios à minha vontade, a obra ficou fora de mercado. Agora, em sua 5ª edição, mantém integralmente o texto da anterior, à parte as notas introdutórias, aqui abreviadas e reorganizadas.

1 – O princípio fundamental que, desde sua concepção, embasa este *Manual de Pontuação é a teoria das unidades sintático*-semânticas, exposta no cap. IV (p.). Evidentemente, como tudo o que diz respeito às áreas da linguagem e da língua, a pontuação também não é uma ciência exata e, por isto, as *zonas de sombra* são muitas e estão sempre presentes, sendo inútil tentar eliminá-las completamente. Contudo, em minha longa prática de professor, jornalista, ensaísta, tradutor, copidesque e revisor, convenci-me de que a *teoria das unidades sintático-semânticas* é a única que consegue estabelecer e fundamentar um princípio lógico para a pontuação.

2 – Apesar disso, uma obra sobre pontuação será sempre incompleta, no sentido de que jamais poderá abarcar, por mais extensa que seja, a variabilidade, a complexidade e a infinidade das construções sintáticas e semânticas de uma língua indoeuropeia

– no caso, o português. Neste sentido, o cap. XII ("A semântica é a rainha"), apesar de breve, é de fundamental importância.

3 – Por fim, o leitor que desejar entrar logo na parte prática pode começar estudando os exemplos comentados e resolvendo os testes.

J. H. D.

Porto Alegre, setembro de 2016.

PRIMEIRA PARTE
A teoria das unidades sintático-semânticas

I – Natureza e função da pontuação
II – Uma falsa premissa
III – A prática e a teoria
IV – As unidades sintático-semânticas
V – A questão da intercalação
VI – A lógica invertida
VII – Os sinais de pontuação
VIII – Regras, falsas regras e outras questões
IX – O poeta, o poema e a pontuação
X – O casus pendens
XI – Um enigma recente
XII – A semântica é a rainha
XIII – Casos insolúveis
XIV – Uma última palavra

I

Natureza e função da pontuação

Tomando por pressuposto que toda língua é um sistema de símbolos sonoros convencionados e que a escrita é um sistema de sinais visuais diretamente – com exceção de algumas línguas orientais – vinculados aos referidos símbolos sonoros, é uma evidência que um sistema de pontuação só pode, por sua própria natureza, ser considerado decorrente e integrante do sistema de sinais visuais que é a escrita.[1]

Uma comunidade linguística que domine a escrita pode possuir um sistema muito rudimentar de pontuação. Ou, até mesmo, *pode* não possuir nenhum. Contudo, uma comunidade ágrafa jamais possuirá, *por definição*, qualquer sistema de pontuação, pelo óbvio fato de ser ele desnecessário e, até, logicamente impensável. Isto porque tal sistema só pode existir como integrante da língua *quando escrita* e a partir dela.[2] A não-percepção deste fato primordial e basilar – o de que um sistema de pontuação é um elemento ancilar da língua *quando escrita* e não, sob hipótese alguma, da língua genericamente tomada – é responsável pelo

---

[1] Isto, que parece não passar de um truísmo dispensável, assume, como se verá a seguir, um papel fundamental na elaboração de uma *teoria da pontuação*.

[2] Resguardado o fato de a palavra *função* ter nesta nota – e apenas aqui – o sentido que possui em matemática, poder-se-ia dizer que a pontuação é *função da língua escrita*, quer dizer, sua natureza é por esta, e só por esta, determinada.

confuso, para dizer pouco, tratamento que o assunto merece por parte dos gramáticos, pelo menos dos gramáticos brasileiros.

Definida, portanto, a natureza de um sistema de pontuação como sendo a de um conjunto de sinais visuais diretamente ligados à língua *quando escrita*, é necessário perguntar agora pela função que tal sistema desempenha.

Neste ponto aflora uma segunda evidência. Pois parece logicamente aceitável supor que, sendo a escrita, tecnicamente, um mero recurso para dar durabilidade à realização oral da língua, a pontuação seja também, por natureza, um recurso técnico. Determinando, portanto, o objetivo deste recurso técnico, automaticamente ter-se-á definido a função de um sistema de pontuação. Daí decorre a segunda evidência, antes referida: o objetivo – ou função – de um sistema de pontuação é o de servir como elemento auxiliar na explicitação do sentido de um *texto*, que é, por definição, a materialização da língua *quando escrita*. É preciso colocar acento no termo *auxiliar*, para que não haja confusão, já que existem ou podem existir línguas cuja realização escrita não exija ou não disponha de um sistema de pontuação. Por outra parte, um sistema de pontuação poderia e pode apresentar-se sob variadas formas. É possível, por exemplo, imaginar um formado pelo uso diferenciado e apropriado de maiúsculas e minúsculas. Outro pela utilização de espaços maiores ou menores entre as palavras. E assim por diante.

De qualquer maneira, isto não afeta em nada o fato de que todo sistema de pontuação, seja ele de que tipo for, tem por finalidade única e exclusiva fornecer elementos que permitam ao leitor captar e estabelecer da maneira mais rigorosa possível o sentido do texto. Em outras palavras, um sistema de pontuação tem por objetivo último servir – como elemento *auxiliar*, sempre é bom repetir – para que não haja solução de continuidade, ou dissociação, entre o sentido, ou conteúdo, que o texto *deve expressar*, na visão de quem o produz, e o sentido que o mesmo *fornece*, na perspectiva de quem o lê.

Em termos de conceitos gramaticais tradicionais, portanto, a pontuação está ligada intrinsecamente à estrutura sintático-semântica da frase, isto é, à lógica da língua como instrumento de transmissão de informações. E não a *pausas para respirar*, a *entonação*, a *sinais de intensidade*, ao *estilo do escritor*[3] etc. Deve-se levar sempre em conta, porém, que a pontuação é apenas um – e não dos mais importantes nem dos mais versáteis – destes instrumentos. Não só por suas limitações como, principalmente, por estar referido apenas à realização escrita da língua.

---

[3] A não ser que por *estilo* se entenda – e isto é perfeitamente aceitável – o conjunto de recursos de linguagem utilizados por alguém para transmitir com precisão – ou com confusão, como é muito comum! – suas ideias.

II

Uma falsa premissa

A inadequação, a incoerência e a confusão que caracterizam as gramáticas e os manuais tradicionais no que diz respeito à questão da pontuação são produto, basicamente, da falsa premissa que os fundamenta. Esta falsa premissa, nem sempre explicitada claramente, é a de que o sistema de pontuação está relacionado, de alguma forma, com a realização oral da língua. Assim sendo, o sistema de pontuação teria como função reproduzir elementos da oralidade, tais como as pausas, a entonação, a altura e a intensidade. Não é preciso apelar a sofisticadas teorizações para perceber que tal premissa é logicamente insustentável e praticamente inviável.

Em termos lógicos, conforme já foi dito, um sistema de pontuação está referido à ou é parte integrante da língua *quando escrita* e não da língua genericamente tomada. Em termos práticos, é uma evidência que um sistema de pontuação é de natureza tão rudimentar – se comparado com a ductilidade e os amplos recursos da oralidade – que nem sequer se poderia pensar em fazê-lo instrumento de marcação sonora. Tanto é assim que para isto existem os sistemas de notação musical, que trabalham exatamente com a duração (e as pausas intercalarcs), a altura (ou frequência) e a intensidade dos sons.

Mas se isto parece elementar e óbvio, e o é, de onde teria surgido esta concepção tão falsa e ao mesmo tempo tão difundida segundo a qual uma vírgula é um sinal *de pausa*, o ponto o é de uma *pausa maior*, o ponto de exclamação o de sinal de *entonação* etc.? Dizer que tal concepção se baseia na confusão entre a *realização oral* e a *realização escrita* da língua é uma afirmativa verdadeira, sim, mas não de todo satisfatória, por não representar um avanço em relação aos raciocínios até aqui desenvolvidos. Por isto, o pertinente é perguntar por que ocorre esta confusão. O que está em sua origem?

A origem da confusão parece bem evidente. Considerando que a marcação do tempo – as pausas –, a altura e a intensidade são recursos utilizados na realização oral da língua para sinalizar de forma precisa e exata a estrutura sintático-semântica da frase – em última instância, o conteúdo dela (v. adiante) – e que os sinais visuais ancilares – a pontuação – possuem esta mesma função na realização escrita, decorre daí que, via de regra, pode haver correspondência direta entre pausas e pontuação e entre entonação e pontuação.

Contudo, pausa e pontuação – da mesma forma que entonação e pontuação – não possuem qualquer ligação direta *entre si* mas, sim, ligam-se, *cada qual por si e autonomamente*, à estrutura sintático-semântica da frase, o que (v. acima e adiante) na prática quer dizer ao sentido ou ao conteúdo dela, isto é, da frase. É absurdo, portanto, afirmar, por exemplo, que uma vírgula *indica* uma pausa. Ou, vice-versa, que uma pausa *exige* uma vírgula. O máximo que se pode dizer é que a vírgula *corresponde*, na realização escrita da língua – o texto –, à pausa, na realização oral – a fala. E vice-versa. O mesmo raciocínio vale no caso de outros sinais de pontuação e no caso da relação entre entonação e pontuação.

Mesmo tais afirmações, porém, são de validade muito discutível. Tome-se, por exemplo, uma frase como

Subiu rapidamente e ao entrar em casa percebeu que fora assaltado.

Ao ser escrita, tal frase é costumeiramente pontuada de forma que a oração subordinada temporal – *ao entrar em casa* – fique entre duas vírgulas, como *intercalada*, numa óbvia explicitação *visual* de sua estrutura sintática. Por outro lado, é possível admitir também a viabilidade de escrever tal frase sem a utilização de qualquer vírgula, isto se se aceitar que sua estrutura sintático-semântica não possui ambiguidade e que, portanto, as duas vírgulas cumprem uma função secundária ou, talvez, até nula – e neste caso poderiam ser qualificadas de *opcionais* ou *consuetudinárias* (v. adiante). De qualquer forma, a realização escrita permite apenas estas duas alternativas em relação à oração intercalada: com duas vírgulas ou sem nenhuma – já que manter apenas uma delas, qualquer uma, implicaria um absurdo (v. também adiante).

Na realização oral a questão é bem mais complexa. Pois nesta é possível – e comum – eliminar qualquer marcação de tempo, ou pausa, indicativa da oração intercalada. Se, porém, apenas esta marcação de tempo for feita – em correspondência linear às duas vírgulas, já que estas são meras sinalizações da estrutura sintática –, a realização oral – caso não recorrer aos dois outros recursos fundamentais seus que são a altura e a intensidade dos sons – pouca ou nenhuma possibilidade terá de estabelecer nuanças semânticas outras que não as eventualmente contidas na realização escrita. E nesta o recurso da sinalização visual é de funcionalidade bem limitada, como também o é a mera e simples marcação de tempo.

Por isto, se os sinais de pontuação são de natureza rudimentar – e o são – na realização escrita, também a marcação de tempo na realização oral, quando utilizada *isoladamente*, fica praticamente sem importância diante da maleabilidade e da riqueza dos recursos sonoros de altura e intensidade, principalmente quando utilizadas *em combinação* com aquela. E não era sem razão, portanto, que nos mosteiros, conventos e seminários católicos de antigamente a leitura pública fosse monotonal/monocórdica e submetida apenas à marcação temporal. *O leitor tinha que ser neutro o mais possível!*

Tome-se outro exemplo, com quatro alternativas de pontuação:

Ah, não, não posso fazer isto.

Ah, não. Não posso fazer isto.

Ah não, não posso fazer isto.

Ah não. Não posso fazer isto.

Por mais que possam variar os sinais de pontuação – há também, entre outras, a possibilidade de substituir sempre o ponto pelo ponto de exclamação –, será muito difícil estabelecer na realização oral um parâmetro unívoco de marcação de tempo a partir deles. Mais ainda: mesmo que possam ser consideradas mais corretas ou mais usuais as alternativas em que o advérbio *não* aparece entre vírgulas ou entre vírgula e ponto, dificilmente a vírgula e o ponto corresponderão a uma pausa na realização oral.

Outro caso clássico:

Ele comprou um livro, um lápis, um caderno, uma caneta e saiu correndo.

Aqui, a eliminação das três vírgulas, apesar de as mesmas se justificarem plenamente em termos sintáticos, corresponderia de forma mais aproximada à realização oral costumeira, na qual não há ou não precisa haver pausa de qualquer tipo.

Eis outro exemplo interessante:

Mas, professor, eu não aceito tal argumento!

As duas vírgulas que servem para indicar a intercalação do vocativo *professor* possuem absoluta justificação sintática. No entanto, o usual é que à primeira delas não corresponda, na realização oral, qualquer marcação de pausa.

De natureza diversa mas não menos interessante é o que segue:

Parece-me que o que ele pensava em relação à teoria da arte e em relação aos professores que apresentavam longas e tediosas divagações a respeito do assunto em aulas às quais muito poucos alunos estavam presentes(,) era bastante defensável politicamente.

A vírgula entre *presentes* e *era* é sintaticamente absurda – pois separa sujeito e verbo/predicado. Contudo, casos semelhantes são comuns em autores e tradutores que não conhecem a natureza e a função da pontuação e consideram, implícita ou explicitamente, a vírgula como sinal de *pausa para respirar...* De fato, na realização oral de uma frase tão longa é natural que o leitor – principalmente se tiver mais de 50 anos e/ou estiver subindo uma ladeira! – perca o fôlego e tenha que fazer uma pausa...

Os exemplos poderiam multiplicar-se indefinidamente. Os poucos citados, porém, são suficientes para demonstrar que a correspondência comumente existente entre a marcação de tempo, na realização oral, e a sinalização visual, na realização escrita, em absoluto não pode ser tomada como base para qualquer teoria da pontuação ou coisa semelhante.

Como foi visto anteriormente, estes dois fenômenos são logicamente estranhos entre si e a pretensão de estabelecer uma relação de causa e efeito ou uma relação de identidade entre os mesmos não tem qualquer sentido e acaba em confusão generalizada.

III
A prática e a teoria

É vulgar bom senso afirmar que toda pessoa que pensa de forma organizada e sabe verbalmente exprimir com clareza o que quer dizer sabe também escrever e pontuar corretamente.

Isto, aliás, pode ser constatado nos textos dos bons jornalistas, dos bons ensaístas, dos bons romancistas e dos bons poetas. E até mesmo em periódicos de amenidades – quando não de bobagens supinas – como, por exemplo, entre outros, as revistas populares semanais. Por quê? Porque seus textos, muitas vezes primorosos, são redigidos ou copidescados por profissionais altamente competentes – e muito bem remunerados –, não raro com nome literário na praça e que se preservam no anonimato. Pois não podem viver apenas de direitos autorais e sabem que ficariam em condições ainda mais precárias se aparecessem assinando matérias como "Qual sua reação se soubesse que seu marido tem um caso com o noivo de sua amiga?" e outros horrores que tais.

A pergunta, neste ponto, é inevitável: como tais artistas e profissionais do texto aprenderam a escrever – e a pontuar? Obviamente, através do treinamento intensivo e do exercício continuado, inerentes à sua própria atividade, que tem, sempre, como objetivo último o domínio absoluto do texto. Ou, seja, a capacidade de construí-lo de tal forma que transmita ao leitor com a maior precisão possível a informação que se deseja transmitir.

Supondo-se – o que quase sempre é o caso – que tais profissionais do texto tenham adquirido tal habilidade apesar de nunca terem tido notícia[4] de esdrúxulas, confusas e não raro ininteligíveis teorias linguísticas e gramaticais ensinadas(?) atualmente nos cursos de Letras e Jornalismo/Comunicação, qual o conteúdo deste seu aprendizado prático? Sim, porque, afinal, este conteúdo deve necessariamente existir, mesmo que não explicitado.

Em termos histórico-científicos amplos, este conteúdo é a estrutura específica do grupo indoeuropeu de línguas, do qual o português faz parte. Em termos técnicos restritos, isto é, gramaticais, este conteúdo é a própria estrutura sintático-semântica da língua (da frase, em termos mais imediatos). Em outras palavras, é *o sentido que as palavras possuem em si próprias* e a *maneira como se relacionam* para transmitir uma informação precisa e determinada.[5] Assim, sem sofisticar demais esta análise, é possível dizer que uma frase – por definição bem organizada sintático-semanticamente e, portanto, carregando um sentido rigorosamente definido – apresenta sempre uma *estrutura lógica*, que é o somatório final das relações sintáticas e do sentido das palavras que são objeto destas relações. Estrutura lógica que é então idêntica ao sentido da frase[6].

---

[4] Talvez não fosse exagero alterar a construção desta frase para "exatamente por nunca terem tido notícia..."

[5] Fica implícito que um texto pode ser redigido intencionalmente de tal forma que seja ambíguo, irônico etc. Mas não se pode esquecer também que tais textos são *perigosos*, podendo ser interpretados e até usados com fins exatamente opostos aos pretendidos pelo autor, já que ambiguidade, ironia, sarcasmo etc. estão atrelados a referências e dados extratextuais. Nunca vou esquecer que, certa vez, ao descer do avião no início dos anos de 1970, depois de ter vivido por longo tempo fora do país, fiquei pasmo ao ler uma crônica – de alguém que eu desconhecia – provando, com inapelável rigor cartesiano, que a violência e o desrespeito aos direitos dos cidadãos não existiam no Brasil. Claro, perdidas as referências locais, ainda mais numa época de mudanças vertiginosas, foram necessários alguns dias – e algumas outras crônicas menos sutis – para entender que o cronista pretendia convencer o leitor exatamente do contrário...

[6] No contexto destas categorias conceituais, portanto, uma frase pode ser perfeita em termos de estrutura sintático-semântica e não possuir uma estrutura lógica. Isto é, ser formada de palavras que em si próprias possuem determinado sentido e que sintaticamente estão relacionadas entre si de maneira adequada, ou correta, sem, contudo, ter

Mas – perguntará o eventual leitor – que relação há entre esta árida exposição e a questão da pontuação? É uma relação direta e de natureza fundamental. Mais do que isto, parece ser esta relação a única através da qual é possível construir, ainda que de forma rudimentar, uma *teoria da pontuação*[7].

---

um sentido definido ou, seja, sem transmitir uma informação precisa e determinada. Tal caso, aliás, é muito comum em poetas que se dizem poetas, em ensaístas que nada dizem e encobrem isto com um estilo arrevesado e impenetrável e, com objetivo irônico, em humoristas (não involuntários, é claro). Mas não só. Ainda em 1980, no vestibular de uma conceituada Universidade do Rio Grande do Sul, foi dado o seguinte tema para a dissertação: "Não será o humor uma saída para as pessoas de antiga permanência no mundo?" É uma frase perfeita em termos de estrutura sintático-semântica mas que não possui estrutura lógica. Afinal, o que pretende perguntar? É difícil saber. A não ser na base do palpite e da adivinhação. Folgo dizer que alguns vestibulandos de minhas relações adivinharam... O autor queria dizer "para as pessoas idosas"...

[7] Teoria que, como foi dito, qualquer bom profissional do texto domina em sua prática diária.

IV

As unidades sintático-semânticas

Uma teoria da pontuação – se se admitir que possa ser construída – só pode ter por base as unidades sintático-semânticas da frase. Por *unidade sintático-semântica* entende-se toda palavra ou todo conjunto de palavras que, pela própria estrutura lógica da frase, é por natureza sempre indivisível,[8] sendo – a unidade sintático-semântica – necessariamente autônoma e completa em si própria em termos sintáticos mas não necessariamente em termos semânticos.

Tais unidades sintático-semânticas possuem natureza e extensão diversas. Por exemplo, toda oração reduzida a seus elementos mínimos – sujeito e predicado – é, por definição, uma unidade sintático-semântica. De igual forma, um advérbio qualquer

---

[8] Esta indivisibilidade natural ocorre *por origem* e *por aglutinação*. No primeiro caso estão, por exemplo, as unidades sintático-semânticas formadas por sujeito e predicado, por verbo e complemento, por artigo e nome, por preposição e termo regido, as locuções adverbiais etc. No segundo as formadas por duas ou mais unidades sintático-semânticas *possíveis* aglutinadas em uma só. As unidades sintático-semânticas simples (v. logo a seguir), portanto, o são, sempre e por definição, por origem. As compostas (v. também logo a seguir) podem sê-lo por origem *ou* por aglutinação. A distinção entre as por origem e as por aglutinação não é aqui relevante, pois se parte do pressuposto de que tanto as primeiras como as segundas são indivisíveis por natureza, isto é, *porque assim o exige a estrutura lógica da frase.*

também pode sê-lo. Em consequência, as unidades sintático-semânticas dividem-se em *simples* e *compostas*. As primeiras são formadas por uma única palavra e as segundas por duas ou mais.

Assim, uma frase como

> Não, absolutamente, não farei isto

possui três unidades sintático-semânticas, das quais duas simples e uma composta. Por outra parte, a frase

> Ele respondeu que não iria embora a não ser que o outro também fosse

possui apenas uma unidade sintático-semântica – composta, é obvio –, pelo menos na forma como se apresenta.

Se, como foi visto anteriormente (cap. I), a função da pontuação é a de servir de instrumento auxiliar para a explicitação do *sentido* do texto escrito e se este sentido está ligado intrinsecamente à estrutura sintático-semântica da frase, decorre daí, necessariamente, que todo sinal de pontuação, por sua própria natureza, serve para identificar, separando-as, as unidades sintático-semânticas. Se, também, segundo se disse, estrutura lógica e sentido da frase se identificam, pode-se concluir que a *pontuação sinaliza as unidades sintático-semânticas em função da estrutura lógica da frase*. E é também em função dela, portanto, que o autor de um texto pode optar por aglutinar em uma só várias possíveis unidades sintático-semânticas ou desmembrar uma nas várias possíveis, sempre e só no caso, é claro, de sê-la por aglutinação.

Por outra parte – e mais uma vez por não se poder fugir ao fato de que a pontuação é *função*[9] da estrutura lógica da frase –, nenhum sinal de pontuação poderá, sob hipótese alguma, romper a indivisibilidade natural das unidades sintático-semânticas ao interpor-se – quando compostas – entre seus elementos, sob pena de negar sua própria função e tornar-se uma contradição em termos lógicos.

---

[9] Aqui também o termo *função* tem o sentido que tem em matemática. V. nota 2, p. 13.

Assim, por exemplo,

> Os homens informaram(,) que iriam embora

e

> Ela(,) comprou um brinquedo.

são frases que apresentam uma única unidade sintático-semântica por origem e é absurdo colocar qualquer sinal de pontuação – exceto o ponto final –, pois no primeiro caso separa-se o verbo do complemento e no segundo o sujeito do verbo/predicado.[10] No caso de unidades sintático-semânticas por aglutinação nem sempre o problema fica tão claro como nos dois exemplos acima citados, mas a natureza da questão é idêntica – como se poderá perceber com nitidez ao se tratar das unidades sintático-semânticas polivalentes (v. cap. VI).

Os princípios acima, por mais amplos e indeterminados que pareçam à primeira vista, são o que de mais coerente se pode construir em termos de uma teoria da pontuação, pois não passam, em última instância, de uma versão mais elaborada da única regra realmente válida: a pontuação deve servir apenas e exclusivamente como elemento auxiliar na indicação dos componentes sintático-semânticos da frase para que a estrutura lógica da mesma seja explicitada da maneira mais rigorosa possível visando a atingir a perfeita univocidade da informação – ou sentido – que se pretende transmitir.

É por isto que todas as chamadas *regras de pontuação* – quando não equivocadas ou falsas – não passam de meros corolários do princípio fundamental acima exposto. E, como corolários que são, não podem, mesmo quando corretas, fornecer uma visão geral da questão nem muito menos, em consequência, servir para a elaboração de qualquer teoria.

---

[10] V. adiante os casos em que tais ou semelhantes vírgulas podem ser consideradas corretas por desempenharem funções específicas ligadas a figuras de estilo como a *ênfase*, por exemplo. Neste caso, porém, segundo se verá, trata-se de uma repetição da unidade sintático-semântica – e não de sua divisão pela pontuação – ou da simples repetição de um termo da oração.

Um caso exemplar é o das orações subordinadas condicionais. A frase

> Não comprarei mais nada, se os preços
> não baixarem

transmite uma informação que *pode* ser considerada bastante diferente de

> Não comprarei mais nada se os preços
> não baixarem.

Não há regras que expliquem como pontuar este período. O que existe é que no primeiro caso, ao optar por considerar a condicional como uma unidade sintático-semântica independente, o autor *pode* estar sinalizando que pretende dar ênfase maior ao conteúdo informativo da mesma ao passo que no segundo, ao considerar as orações como integrantes de uma única unidade sintático-semântica por aglutinação, não há qualquer indicação de que o mesmo pretenda dar ênfase a uma delas. Estão também neste caso as temporais, as consecutivas, muitos advérbios etc. (v. a função da vírgula, adiante).

V
A questão da intercalação

As unidades sintático-semânticas compostas são o mais das vezes seccionáveis – o que não afeta sua indivisibilidade natural – através da chamada *intercalação* (ou interpolação), permitida pela *segmentação*, que ocorre quando a contiguidade dos elementos que fazem parte de uma unidade sintático-semântica composta é rompida sem que tal afete minimamente sua integridade.

Uma frase como

Os professores entraram em greve.

é uma unidade sintático-semântica por origem, não podendo, portanto, por definição, carregar qualquer sinal de pontuação (à exceção do ponto final). Neste sentido diz-se que uma das regras básicas da pontuação é a que manda jamais separar por vírgulas o sujeito do predicado ou o verbo do complemento, o que está correto, conforme visto acima.

Contudo, assim enunciada, mesmo esta regra é pouco funcional, tornando-se uma falácia quando tomada em termos absolutos. Porque, na prática, através do processo de intercalação, não apenas uma mas várias vírgulas podem separar termos considerados inseparáveis. Ocorre que neste processo, aqui chamado de *segmentação*, tais vírgulas não atingem a indivisibilidade natural da referida unidade sintático-semântica composta, servindo apenas como sinalização visual da introdução de nova ou de novas unidades sintático-semânticas na frase.

É aqui que se comete um dos erros mais comuns e mais crassos de pontuação. Retomando a frase do exemplo anterior e fazendo a intercalação de uma outra unidade sintático-semântica representada por uma locução adverbial de tempo, chega-se a

> Os professores, depois da reunião,
> entraram em greve.

A pontuação está correta, pois se coaduna perfeitamente com os princípios teóricos antes expostos e, supõe-se, transmite de forma perfeita determinada informação. Se se recordar, porém, que as unidades sintático-semânticas podem ser geradas pela aglutinação de várias possíveis delas, é viável eliminar as duas vírgulas e considerar a frase toda como uma única unidade sintático-semântica:

> Os professores depois da reunião
> entraram em greve.[11]

De fato e em princípio, as duas alternativas são possíveis: com duas vírgulas ou sem nenhuma, isto é, considera-se a frase como duas ou como uma única unidade sintático-semântica. Alguém poderia dizer que o habitual, o melhor estilisticamente ou, até, o mais correto em português seria considerar a frase como composta de duas unidades sintático-semânticas e, portanto, indicá-lo através da virgulação que sinaliza a intercalação. Mas, nada impede, em termos de estrutura sintático-semântica, que se possa, procurando sinalizar a ausência de qualquer ênfase sobre a locução adverbial, eliminar a marcação visual da intercalação e, assim, a própria intercalação.

Contudo, e este é o erro crasso e comum, não raro elimina-se *apenas uma* das vírgulas. Isto, sim, é um absurdo. Por quê?

---

[11] Contudo, uma frase como *Os demitidos depois da reunião depredaram a fábrica* não serviria como exemplo, pois não possui sentido claro. Neste caso, obviamente, não há alternativa: a redação deve ser modificada (v. adiante, cap. XIII).

Porque neste caso se estaria rompendo a indivisibilidade natural da unidade sintático-semântica composta que é

> Os professores entraram em greve.

Absurdo, portanto, será pontuar tal frase das seguintes maneiras:

> Os professores(,) depois da reunião
> entraram em greve

ou

> Os professores depois da reunião(,)
> entraram em greve.

Outro exemplo clássico é o que envolve o conectivo *e*:

> Os trabalhadores de Petrogrado assumiram o papel de pontas-de-lança do movimento e sob a liderança de Lênin(,) garantiram a consolidação da revolução.

A virgulação é, evidentemente, absurda, pois os verbos *assumiram* e *garantiram* são o núcleo de duas unidades sintático-semânticas possíveis transformadas em uma só pelo conectivo *e*, sendo, portanto, uma contradição em termos lógicos estabelecer uma separação entre eles. Como no caso anterior, há duas alternativas. Na primeira a frase toda é considerada apenas uma unidade sintático-semântica, não carregando, pois, qualquer sinal de pontuação, com exceção do ponto final. Na segunda toma-se *sob a liderança de Lênin* como unidade sintático-semântica autônoma, intercalando-se a mesma entre duas vírgulas.

O princípio das unidades sintático-semânticas também seria rompido se fosse colocada uma vírgula entre *e* e *sob* e se eliminasse aquela entre *Lênin* e *garantiram*. Também neste caso a vírgula é absurda, pois destrói a indivisibilidade natural da unidade sintático-semântica definida pela presença do conectivo *e* entre as duas orações.

As unidades não-segmentáveis

Como foi dito, as unidades sintático-semânticas compostas são normalmente segmentáveis. Em alguns casos, porém, em particular quando delas fazem parte artigos, preposições, conjunções, advérbios etc., a estrutura sintático-semântica dificilmente suporta ou mesmo absolutamente não suporta a segmentação por esta afetar a estrutura lógica, isto é, o sentido da frase, tornando-o obscuro, desvirtuando-o ou alterando-o.

Tal situação pode ser observada nos seguintes exemplos:

> Se bem, disse ele, entendo, não posso considerar isto um crime.

> Se eu fizer, disse ela, isto, serei acusada de negligência.

> Ela rebelou-se contra, ainda que tarde, o autoritarismo familiar.

> Paulo dirigiu-se ao, sem saber o que fazer, bar em que se encontravam seus amigos.

Como é praticamente impossível definir teoricamente o que se poderia chamar de *segmentabilidade* e *não-segmentabilidade* das unidades sintático-semânticas, pois muitas vezes a questão é definida pela estrutura lógica global da frase e não pela presença de determinadas partículas ou relações sintáticas, o que se pode dizer é que a segmentação é desaconselhável sempre que o sentido da frase for afetado ou que a sintaxe não admitir a separação de elementos originalmente contíguos.

Os exemplos fornecidos são apenas uma pequena amostra de um problema que pode surgir ao se recorrer à segmentação das unidades sintático-semânticas. Contudo, a análise de tal questão foge um pouco aos objetivos estabelecidos neste ensaio e, portanto, não será ampliada.

VI
A lógica invertida

É corrente dizer-se que a pontuação altera ou pode alterar o sentido de uma frase. Esta afirmação não é apenas falsa como também representa um verdadeiro atentado à lógica – na acepção de *técnica de raciocinar ordenadamente.*

De fato, tal afirmação implicaria aceitar que o autor de determinado texto, alternativa ou conjuntamente,

> a) não saiba o que ele próprio quer dizer;
> b) não conheça a função da pontuação.[12]

É evidente que ambas as situações são mais comuns do que seria desejável. Mas tal não vem ao caso, a não ser para acentuar ainda mais a necessidade de tentar ordenar adequadamente a questão.

Conforme já foi visto várias vezes, uma frase possui uma *estrutura sintático-semântica,* que é o sentido das palavras de que é composta somado à maneira como estas se ligam entre si ao formarem as unidades sintático-semânticas. Foi visto ainda que a chamada *estrutura lógica da frase* é o somatório final destas

---

[12] Este parece ser um fato muito comum em textos de ficção do séc. XIX no Brasil, pelo menos tais quais eles aparecem em edições da época, mesmo revisadas pelo autor. Por isto, segundo julgo, é inaceitável que edições críticas mantenham a pontuação original. Em particular no que se refere às vírgulas, já que em muitos casos as mesmas são absolutamente injustificáveis, sob qualquer argumento.

relações sintáticas e do sentido das palavras que são o objeto destas relações, somatório que faz com que ela, a frase, contenha uma informação perfeitamente inteligível e identificável – enfim, um sentido. Ora, se a pontuação, como também já foi acentuado várias vezes, é instrumento auxiliar na explicitação da estrutura lógica da frase, esta estrutura – que é o próprio sentido – *é anterior à pontuação*, sendo absurdo, portanto, dizer que esta determina ou altera o sentido da frase.

Evidentemente, esta confusão tem sua razão de ser, que é a eventual *polivalência* da base sintática de muitas frases. Esta base, nestes casos, admite alterações em sua estrutura lógica – o sentido – de acordo com a composição de suas unidades sintático-semânticas, que varia segundo a disposição de seus elementos, dos quais um ou mais podem pertencer ora a uma, ora a outra delas.

Esta variação das unidades sintático-semânticas – sinalizadas pela pontuação – corresponde, obviamente, a uma alteração da informação contida na frase. Daí dizer-se, vulgar e erradamente, que uma vírgula pode alterar o sentido de uma frase.

Não é preciso recorrer às ambíguas sentenças dos oráculos greco-romanos, sentenças que faziam a delícia dos professores e das seletas de antigamente, para ilustrar esta questão.[13] Um dos exemplos mais corriqueiros é o das orações subordinadas relativas, divididas em *restritivas* e *explicativas*. A frase

> O conflito / que a partir de então espalhou-se
> por toda a Rússia / custou a vida de milhões
> de pessoas

é – como todas as do mesmo tipo – um exemplo perfeito de polivalência de uma base sintática, polivalência que é eliminada a partir do momento em que a frase for considerada como contendo uma *ou* duas unidades sintático-semânticas, com cada uma das

---

[13] Basta citar apenas uma das mais famosas: *Ibis redibis nunquam peribis in armis* (Irás voltarás nunca morrerás no campo de batalha).

alternativas sendo sinalizada pela ausência ou pela presença da respectiva pontuação.

Não é a pontuação, pois, que altera, neste e em casos similares, a estrutura lógica – o sentido – da frase. Ela apenas indica, em relação a uma base sintática polivalente, qual a escolha do autor e, consequentemente, qual a informação que ele pretende transmitir. No exemplo, esta informação será diferente segundo as barras forem substituídas (oração subordinada relativa explicativa) ou não (oração subordinada relativa restritiva) por vírgulas.

O caso acima pode ser um dos mais comuns. Há, porém, outros, mais sutis e mais interessantes. Abaixo estão alguns deles:

> Os latifundiários / com medo da reforma agrária / resolveram organizar milícias rurais[14].

> O partido garantiu um quarto vice-líder para a bancada / tendo eleito o deputado x.

> Aquele professor / de pouca competência / foi escolhido para ministrar a disciplina.
> Mas ele, ao levantar-se / sem saber o que dizer, foi vaiado.

> Estava tão absorvido que só percebeu Helena / quando esta sentou-se a seu lado.

> Ele chegara à parte em que a heroína se casava com o herói/antes de pegar no sono.

> Com apenas o curso primário / aos trinta anos de idade / ele tornou-se diretor de uma grande empresa.

> Mas / ao levantar-se / sem saber o que dizer / começou a falar de forma desconexa.

> Ele não / disse não.

> Não / farei isto.

E assim por diante.

---

[14] A validade do exemplo pressupõe a existência, pelo menos em teoria, de latifundiários que não tenham medo da reforma agrária...

VII
Os sinais de pontuação

Tomada em seu sentido mais amplo, a pontuação engloba todos os sinais visuais – *que não sejam letras nem acentos*[15] – presentes em um texto escrito. Deixando à parte – como casos específicos não ligados propriamente à pontuação tal como aqui é entendida – a variação da forma (a *fonte*) e do tamanho (o *corpo*) das próprias letras[16], variação que, de fato, é um sinal visual, mas integrado ao próprio símbolo gráfico, os sinais de pontuação mais utilizados são o *hífen*, as *aspas*, os *parênteses*, o *travessão*, o *ponto*, a *vírgula*, o *ponto-e-vírgula*, os *pontos de reticência*, os *dois pontos*, o *ponto de interrogação* e o de *exclamação*[17].

Deles, o primeiro, por sua natureza peculiar, foge completamente ao assunto em questão. De outra parte, os três seguintes possuem funções não relacionadas com a pontuação em si. Assim, as aspas sinalizam, entre outras coisas, a citação e a ironia; os parênteses são usados, por exemplo, quando for necessário

---

[15] A chamada *crase* não é letra, nem sinal de pontuação, nem acento. É algo como um *sinal sintático*.

[16] É também o caso das variações intra-fonte. As mais conhecidas na editoração tradicional são o *itálico*, o *negrito* e o *falso negrito*. O *caixa alta* (maiúsculo) também pode ser assim considerado quando utilizado como tipo corrente e não apenas no início de palavras e de frases e em siglas.

[17] O parágrafo também pode ser considerado um sinal visual, mas não é um sinal gráfico. Por estar relacionado à ordenação lógica de um texto mais ou menos extenso antes que à pontuação, não será tratado aqui.

explicar ou explicitar determinado termo; e o travessão, além de marcar os diálogos e até de substituir, às vezes, a vírgula no caso da intercalação, é muito utilizado para inserir na frase dados e informações adicionais, secundários ou até estranhos se referidos à temática central do texto. Portanto, como no caso do parágrafo (v. nota 17), as aspas, os parênteses e o travessão fazem parte antes da ordenação lógica de um texto tomada em seu sentido mais amplo do que especificamente da pontuação.

Em relação a esta, apenas o travessão, seja por funcionar às vezes como alternativa à vírgula, seja, não raro, por estar contíguo a ela, poderia criar alguns problemas. Não tão importantes, porém, que mereçam uma digressão maior. Em princípio, o que se pode dizer é que a vírgula, como os demais sinais de pontuação, não deve ser afetada pela presença do travessão, dos parênteses ou das aspas. Sua função independe disso. Na frase

> Quando ele saiu – e já era hora –, carregando seus pertences, o diretor do colégio deu graças aos céus

a sequência de travessão e vírgula é uso-padrão já que

> carregando seus pertences

é uma intercalação, sinalizada pelas duas vírgulas costumeiras.

O fundamental, para completar o curso dos raciocínios até agora desenvolvidos sobre o tema, é tentar estabelecer, da forma mais rigorosa possível, se possível, a função dos que são considerados sinais de pontuação propriamente ditos, sempre procurando ter como parâmetro, por coerência, a teoria das unidades sintático-semânticas em sequência. Sob tal ângulo, qual seria a função do ponto, da vírgula, do ponto-e-vírgula, dos pontos de reticência, dos dois pontos, do ponto de interrogação e do de exclamação?

O ponto

Definir a função do ponto no âmbito da teoria das unidades sintático-semânticas talvez não seja tarefa complicada. O ponto, simplesmente, serve para indicar o limite final de uma unidade sintático-semântica isolada/independente ou de um conjunto de unidades sintático-semânticas em sequência. Por decorrência e coerentemente com o que foi visto no cap. IV, as unidades sintático-semânticas delimitadas pelo ponto são autônomas e completas em si próprias *não apenas do ponto de vista sintático mas também do semântico.*

Exemplos são desnecessários, bastando tomar qualquer frase, mais ou menos extensa. Desde que bem organizada, é evidente.

A vírgula

A vírgula tem por função separar unidades sintático-semânticas contíguas e relacionadas entre si. Se a definição é simples, a prática da virgulação, como se pôde perceber nos capítulos anteriores, não o é tanto.

Por isto mesmo, deixadas à parte as *a priori* consideradas *necessárias* (ou *corretas*), talvez seja possível dividir as vírgulas em *absurdas* ou *aberrantes*, *erradas* (ou *inadequadas*), *consuetudinárias*, *opcionais* e *estilísticas*.[18]

• *Absurda* ou *aberrante* é a vírgula que rompe a indivisibilidade natural de uma unidade sintático-semântica por origem. As vírgulas que separam sujeito e predicado ou verbo e complemento são típicas. Há, porém, casos mais complexos de virgulação absurda. Vejamos alguns exemplos:

> Nos primeiros anos eles apenas assaltavam lojas mal localizadas, mas na medida em que sua impunidade aumentava(,) passaram a...

Neste caso, como em muitos outros, a segunda vírgula é absurda por romper a indivisibilidade natural da unidade sintático-semântica representada por

> mas passaram a...

---

[18] Mais adiante, para efeitos práticos, não será feita diferença entre *absurda/aberrante* e *errada.*

Se não se optar pela simples eliminação dela, a alternativa para a correta pontuação só pode ser a intercalação de

na medida em que sua impunidade aumentava,

que se tornaria uma unidade sintático-semântica independente, sinalizada, agora, pelas duas vírgulas habituais.
Outro exemplo:

Lá dominavam(,) de um lado o chefe da oficina e(,) de outro o mestre-impressor.

Considerando que a frase, eliminadas as duas locuções adverbiais (*de um lado* e *de outro*), é

Lá dominavam o chefe da oficina e o mestre-impressor,

a virgulação deve ser qualificada como absurda. Também neste caso não há como fugir: ou se eliminam as duas vírgulas ou colocam-se mais duas, intercalando as duas locuções adverbiais, do que resultaria:

Lá dominavam, de um lado, o chefe da oficina e, de outro, o mestre-impressor.

Para terminar uma lista que poderia prolongar-se indefinidamente, veja-se um exemplo com duplo absurdo de pontuação:

Ele disse que agora(,) o mais importante(,) era pensar no futuro.

A primeira vírgula separa o verbo do complemento e a segunda separa o sujeito do predicado. A alternativa da intercalação e, portanto, da correção através do acréscimo de mais uma vírgula só existe no caso do advérbio *agora*. A outra vírgula deve necessária e simplesmente ser eliminada.

• *Errada* é a vírgula que gera, em uma frase, uma situação de disfunção entre sentido e pontuação. Quer dizer, o autor pretende dar determinado sentido à frase mas utiliza a pontuação – a vírgula, no caso – de maneira tal que resultam a ambiguidade, a distorção ou até mesmo a alteração radical do sentido pretendido. Este é um caso muito frequente quando se está em presença de uma base sintática polivalente. Tal vírgula também poderia ser chamada de *inadequada*, se bem que tal vocábulo não seja suficientemente incisivo para qualificar algumas situações em que ela aparece. E, pedindo vênia pela intromissão pessoal, não posso me furtar a referir um divertidíssimo incidente ocorrido há pouco tempo quando um aluno criou um dos exemplos mais definitivos de virgulação errada ou inadequada.

Um pouco assustado – era seu primeiro semestre! – com meus métodos pedagógicos, do tipo, digamos, socrático-histriônico, ao ser solicitado a dar sua opinião sobre as aulas ele escreveu, entre outras coisas:

> O professor, apesar de meio louco, aparentemente, possui grandes conhecimentos.

Descartada a hipótese de ambiguidade intencional e irônica – interpretação que o contexto não favorecia –, a polivalência da base sintática é cristalina, de tal maneira que a virgulação utilizada só pode ser considerada errada. Pois das duas uma: ou o advérbio *aparentemente* se integra à unidade sintático-semântica que imediatamente o precede – e neste caso, preferido, sem dúvida, por qualquer professor, se elimina a vírgula que segue a *louco* – ou se integra à unidade sintático-semântica que o segue – e neste caso elimina-se a vírgula que vem depois do próprio advérbio.

Da maneira como se apresenta, sempre descartada a hipótese da ambiguidade irônica, a frase está virgulada de forma errada ou inadequada, pois, apesar de, sintaticamente, admitir semelhante pontuação, ela não apresenta, em virtude da má disposição das unidades sintático-semânticas, uma estrutura lógica definida.

Ao que parece, portanto, é relativamente fácil identificar as vírgulas denominadas *necessárias* (ou *corretas*), *absurdas* ou *aberrantes* e *erradas* (ou *inadequadas*). Isto porque elas, geralmente, caracterizam situações-limite no contexto das relações sintático-semânticas da frase, como deve ter sido demonstrado pelos exemplos utilizados ao longo dos capítulos anteriores e da primeira parte deste.

• Nem sempre, porém, a questão se apresenta como situação-limite, podendo-se até mesmo dizer, pelo contrário, que a maior parte das vírgulas é de natureza *consuetudinária, opcional* e *estilística* ou está ligada àquilo que se chama de *elegância do texto* (sem dúvida algo de difícil enquadramento teórico). Seja como for, seria longo demais tratar exaustivamente do tema, mais próprio para um *tratado de virgulação*, neste contexto fora de qualquer cogitação. Mesmo assim não é de todo desinteressante mencionar rapidamente alguns casos, mais como subsídio ao debate do que como explanação teórica.

Por que, por exemplo, a frase

> Ele agarrou os livros, os cadernos, a pasta e a sacola e saiu da sala

deve ser virgulada? Sem dúvida, na *teoria das unidades sintático-semânticas* tais vírgulas encontram perfeita justificação teórica (v. cap. VIII, regras e falsas regras, 4). Mas haveria alguma dúvida a respeito do sentido da frase – isto é, de sua estrutura lógica – se as mesmas fossem simplesmente eliminadas? No exemplo apresentado – muito representativo do que se poderia chamar de *virgulação consuetudinária* – qual é, na verdade, a função da vírgula? Aliás, a própria figura da *intercalação* não se enquadra o mais das vezes nesta categoria, à semelhança do que quase sempre ocorre com partículas adversativas como *porém, contudo, entretanto* etc.?

É verdade que a simples opção do autor, as nuanças sutis de estilo – e, portanto, de semântica – e a elegância da forma podem determinar e determinam a presença ou a ausência da vírgula. Mas por que seria obrigatório virgular, apenas para citar outros casos corriqueiros, as subordinadas modais, temporais e condicionais e os advérbios de tempo e modo quando no início do período (ou da frase)? E as disjuntivas? E tantos outros casos?

Enfim, como se vê, também na virgulação – e na pontuação em geral – há muito mais coisas do que quer admitir a filosofia de gramáticas superficiais e de regrinhas nada funcionais, quando não literalmente estúpidas...

O ponto-e-vírgula

Este sinal, sem dúvida, possui um notório hibridismo, tanto que seu uso é muito limitado, por ser, não raro, difícil definir com precisão sua função, pois ora parece assumir a do ponto, ora a da vírgula. Observem-se os dois seguintes exemplos:

> Depois de chegar ao poder, Vargas modernizou as estruturas do governo; criou o Ministério do Trabalho; favoreceu o capital urbano; ampliou consideravelmente o papel do Estado na economia e projetou a industrialização do país.

> Em sua oração fúnebre, Péricles refere-se ao heroísmo dos combatentes mortos; à dor de suas mães; à gratidão dos sobreviventes e à necessidade de guardar a memória dos que morreram pela Pátria.

À primeira vista talvez se julgue que no primeiro exemplo o ponto-e-vírgula está substituindo especificamente o ponto e no segundo a vírgula. É preciso notar, porém, que, em ambos os casos, o inverso também não criaria maiores problemas, seja no referente à estrutura sintático-semântica, seja no referente à estrutura lógica da frase.

Na verdade, com segurança se pode dizer apenas que o ponto-e-vírgula possui uma função que semanticamente o aproxima mais da vírgula que do ponto sempre; e sintaticamente mais do ponto em alguns casos e mais da vírgula em outros. Não é muito mas, de qualquer forma, é difícil ir além.

Nos dois exemplos citados isto pode ser muito bem percebido. Pois em ambos as unidades sintático-semânticas delimitadas pelo ponto-e-vírgula se configuram como subunidades, delimitadas, em seu conjunto, pelo ponto, que fecha a unidade maior. Neste sentido, em termos semânticos há em ambos uma aproximação maior com a vírgula. Em termos sintáticos, porém, a aproximação é maior com o ponto no primeiro caso e com a vírgula no segundo.

Os pontos de reticência

Pode ser considerado bastante adequado dizer, como é corrente, que os pontos de reticência servem para indicar interrupção ou suspensão do pensamento. Tecnicamente, porém, é mais correto definir este sinal como indicação de interrupção de uma unidade sintático-semântica ou da insinuação da existência de outras, não delimitadas em número e que ficam subentendidas.

A simples interrupção está presente em um caso como

O presidente inspira confiança.
Já seus ministros...

Aqui fica óbvio que os pontos de reticência estão sinalizando o desejo, contido, de dar continuidade, com o acréscimo de palavras como *não*, *não muito*, *nem um pouco* etc., à unidade sintático-semântica interrompida.

Diferentemente, na frase

O professor tem bom nível cultural, quer dizer, algumas aluninhas dizem que ele tem...

tudo fica bastante indefinido, apesar de o período estar bem mais completo, sintaticamente, do que o do exemplo anterior. Poder-se-ia dizer que, neste caso, o sarcasmo não tem nenhuma relação com a sintaxe mas, somente, com a semântica...

Os dois pontos

Sobre o sinal de dois pontos o que é possível afirmar, sem entrar em elucubrações altamente abstratas e pouco interessantes, é que o mesmo sinaliza ou caracteriza uma espécie de ruptura *de uma* unidade sintático-semântica ou *entre duas* unidades sintático-semânticas, ruptura na qual a relação sintática estabelecida através da intermediação de um elemento de ligação qualquer e mesmo sem ele – com a presença ou não da vírgula ou até do ponto – é substituída pela simples justaposição de termos da frase.

É relativamente pouco frequente e de duvidosa funcionalidade quando utilizado, a não ser nos casos específicos de sinalização do chamado *discurso direto* e das sequências do tipo *inventário* e semelhantes:

> O presidente declarou: abriremos as portas ao capital estrangeiro.

> Impressionado pela indiferença dos alunos, o professor tentou tudo: piadas, pressões, ameaças, críticas, elogios.

> Reclamar: eis o que devemos e podemos fazer.

Os pontos de interrogação e de exclamação

Apesar das tolices correntes em gramáticas e manuais, estes sinais são de natureza transparente e sua definição não vai muito além da mera tautologia.

O ponto de interrogação – que não é sinal de *intensidade* ou de *entonação*! – simplesmente limita uma ou mais unidades sintático-semânticas em que está contida uma pergunta, isto é, a busca de uma informação – do latim *interrogare*: solicitar ou pedir (a alguém).

O ponto de exclamação também não é sinal de *intensidade* ou *entonação* e é uma grande falácia assim defini-lo, pois, afinal, como sinalizar no texto o sussurro feroz da fúria contida do amante traído? Com um ponto de exclamação em forma de espada ou revólver? Com dois? Com três? Com mil? E como indicar o grito estentóreo do combatente ou do torturado? O texto escrito tem limitações intransponíveis e o sinal de exclamação – do latim *exclamare*: gritar – não vai além de delimitar uma ou mais unidades sintático-semânticas que possuem sentido completo em si próprias e cuja estrutura lógica é a de uma imposição, de uma afirmação categórica, de um sussurro de ódio, de um grito de dor etc.

Na verdade, o ponto de exclamação até pode ser definido como um sinal de intensidade. Mas de intensidade *conceitual* e não *sonora*!

VIII

Regras, falsas regras
e outras questões

Ao decidir colocar no papel as ideias que terminaram por formar esta obra, em nenhum momento moveu-me a intenção ou a pretensão de *ensinar a pontuar*. *Pretensão*, aliás, é uma boa palavra, pois, mesmo admitindo-se que alguém ensine algo a alguém, tal intuito, se existente, acabaria em frustração. Isto porque, coerentemente com tudo o que foi dito até aqui, é impossível ensinar a pontuar. O que de fato se pode ou se deve ensinar é algo que faz parte, tecnicamente, de uma fase anterior – ou, no mínimo, paralela – à pontuação e da qual esta, *no texto escrito*, é um elemento decorrente e auxiliar: a capacidade de pensar de forma ordenada e sistemática.

Portanto, não se ensina a pontuar. O máximo que se pode fazer é analisar e explicitar da maneira mais coerente possível a função dos sinais visuais e exercitar seu uso como elemento auxiliar na organização do texto, tendo por objetivo alcançar a mais perfeita sintonia possível entre o que o autor pretende dizer e o que é de fato entendido pelo leitor. Da mesma forma que na retórica – no sentido de *arte oratória* – se ensina, entre outras coisas, a bem utilizar os recursos da marcação temporal e da altura e da intensidade dos sons com a finalidade de tornar o discurso[19] ou agradável, ou convincente, ou irritante etc.

---

[19] No sentido de *peça oratória*.

Em resumo, vã e inglória é a luta de quem tenta aprender a pontuar sem antes ter treinado sua capacidade de pensar e expor suas ideias ordenadamente. E causa pena ver as confusões em que se enredam alunos e professores de Língua Portuguesa ao tentarem ensinar e aprender a pontuar sem levar em conta premissas tão elementares.

Regras e falsas regras

Segundo o já exposto ao se discorrer sobre a *teoria das unidades sintático-semânticas*, todas as chamadas *regras de pontuação* – quando não falsas ou equivocadas – são simples corolários dos princípios ali enunciados. A rigor, pois, não seria necessário tratar da questão.

No entanto, ao longo do tempo, pela repetitiva presença em gramáticas, manuais e aulas, algumas destas equivocadas e falsas regras adquiriram verdadeiro *curso forçado* e é conveniente demonstrar sua impropriedade. Não de todas, pois seria longo demais[20], mas apenas de duas ou três verdadeiramente aberrantes[21]:

1) As partículas adversativas são seguidas de vírgulas.

É possível que o mais das vezes isto aconteça. Tomada como regra genérica, porém, a afirmação é totalmente falsa. Como ocorre com *porém*:

> Ele, porém depois de duramente pressionado, admitiu ter trabalhado para o serviço secreto inimigo.

Neste exemplo uma vírgula entre *porém* e *depois* – fazendo de *porém* uma unidade sintático-semântica independente – sinalizaria considerável alteração da estrutura lógica – o sentido – da frase. O mesmo pode-se dizer de *contudo* no caso seguinte e em outros similares:

---

[20] Qualquer gramática ou manual que trate do assunto fornece uma boa lista de equívocos e absurdos.

[21] Ignoram-se aqui, por já tratadas, as questões da *intercalação*, da *pausa para respirar*, dos sinais de *entonação* e *intensidade* etc.

> O professor, contudo não por autoritarismo mas por uma questão de disciplina administrativa, reprovou a turma inteira.

E assim por diante.

No que diz respeito a *mas* ocorre até exatamente o oposto do que afirma esta falsa regra, pois, à parte os casos específicos de intercalação, já tratados genericamente, a partícula normalmente não é seguida de vírgula:

> Os secretários tentaram uma solução conciliatória mas o governador não poderia permitir tal abuso de autoridade.

Ou:

> Mas quando fará ele a proposta?

2) Quando o sujeito é posposto coloca-se vírgula entre ele e o núcleo do predicado.

Esta é uma regra absurda. Tomada ao pé da letra, frases como

> Foram os políticos os responsáveis pelo desastre institucional

e

> Iremos nós, e não eles, à festa de aniversário

teriam que levar vírgulas depois do verbo (*foram* e *iremos*), o que não tem qualquer sentido. Na verdade, mais uma vez, esta falsa regra é produto da confusão entre realização oral e realização escrita da língua.

3) A vírgula serve para separar termos sintáticos paralelos em sequência.

Esta não chega a ser uma regra falsa, apesar de equivocada ou incompleta. Na verdade, uma sequência de termos sintaticamente paralelos é sempre uma *sequência de unidades sintático-semânticas* em que um ou mais elementos da oração estão implícitos (ou subentendidos). Não há sequência de termos paralelos soltos no ar. Nem seria preciso exemplificar, tão óbvia é a afirmação. Seja como for, as frases

> Os professores, os alunos, os pais dos alunos e os funcionários participaram da eleição

e

> Ele comprou cadernos, livros, lápis,
> cola, pasta e um abrigo

servem como exemplos clássicos. Na primeira há quatro unidades sintático-semânticas que possuem o mesmo predicado. Na segunda há seis, todas elas com o mesmo sujeito e o mesmo verbo. Pois, nos dois casos, se não há quatro e seis orações respectivamente, há a óbvia e lógica possibilidade do desmembramento das duas frases existentes em tantas quantas são as unidades sintático-semânticas, equivalentes, no caso, a orações.

As "liberdades poéticas"[22]

Uma das perguntas constantes em qualquer discussão sobre pontuação – quase sempre envolvendo o ponto e a vírgula – refere-se à liberdade dos escritores, principalmente ficcionistas e poetas, pontuarem seus textos segundo métodos muito particulares. O que responder?

Em primeiro lugar, tudo o que foi dito até aqui diz respeito, em princípio, ao texto de caráter científico, ensaístico, jornalístico etc. Enfim, ao texto comumente chamado de *analítico* e não ao qualificado de *artístico*.

Em segundo, nem todos os poetas, romancistas, novelistas, contistas, cronistas ou como quer que se auto-intitularem podem ser considerados *a priori* exemplos de profissionais que dominem seu texto com perfeição. Pelo contrário, não é raro que não o dominem, buscando em inovações modernosas e pouco funcionais uma compensação para suas limitações.

Em terceiro, Fernando Pessoa, Mário Quintana e Manuel Bandeira – para citar apenas estes três, dos maiores, se não os

---

[22] V. adiante, cap. IX.

maiores, líricos da língua portuguesa – pouco inovaram, quer na sintaxe, quer na pontuação. É aconselhável, portanto, olhar com desconfiança para os que, com maior ou menor sutileza, se autoproclamam *gênios da raça e da língua* e a partir daí passam a criar e a ditar leis sob o argumento de terem direito a tais "liberdades poéticas". É altamente prudente e saudável não levá-los muito a sério e deixá-los em paz com suas esotéricas experimentações e "liberdades". O tempo – e geralmente basta pouco – quase sempre se encarrega, piedosamente, de fazê-los cair no esquecimento.[23]

Isto ponderado, é evidente que líricos e ficcionistas, pela própria natureza de sua atividade, tendem a usar recursos de estilo – entre os quais a pontuação – que não só não teriam qualquer funcionalidade como ainda seriam considerados verdadeiras excrescências em textos de caráter técnico ou analítico. Também aqui, porém, todo cuidado é pouco, devendo-se perguntar sempre se tais recursos de fato possuem função real no texto, se *significam* alguma coisa, se o autor os utilizou conscientemente ou se são meras fórmulas vazias que não vão além do simples uso do novo pelo novo e do diferente pelo diferente. Em termos gerais, mais uma vez, é melhor não levar a questão muito a sério, nem sob o ângulo da pontuação nem sob qualquer outro.

De toda maneira, deve ficar claro que a função da pontuação não se altera nem para o vanguardista mais furioso ou para seja lá quem for que se autoproclamar *moderno*. Ela continuará sendo sempre um *instrumento auxiliar na explicitação do sentido do texto escrito*. E com isto está tudo dito.

Para não deixar, porém, este item sem qualquer exemplificação, é interessante lembrar o caso de um conhecido ficcionista brasileiro – cujo nome não será citado – que costuma muito frequentemente separar sujeito e predicado por uma vírgula e exige que seus editores respeitem tal pontuação. Escreve, ele, por exemplo:

> João, passeava no parque.

---

[23]V. adiante, ib.

O que se pode dizer a respeito? Antes de tudo, que num texto analítico tal vírgula seria um monstruoso absurdo por romper a indivisibilidade natural de uma unidade sintático-semântica por origem como a composta por sujeito e predicado. Partindo-se, porém, do pressuposto de que por trás de tal recurso exista alguma intenção do autor, poder-se-ia admitir que a vírgula está correta, podendo, inclusive, ser substituída por um ponto. A possibilidade desta substituição mostra, aliás, que a frase não é e não pode ser considerada uma frase comum, normal, que se identificaria com uma única unidade sintático-semântica. Pelo contrário, existiriam duas frases e, em consequência, também duas unidades sintático-semânticas. A primeira delas significaria algo semelhante a

> (Lá estava) João.

ou

> (Era o) João.

E a segunda, obviamente, seria

> (Ele) passeava no parque.

Mesmo assim, este é um recurso de duvidosa funcionalidade em ficção. Por que não usar logo o ponto? Só para ser diferente? Se for este o objetivo, por que não pendurar logo uma melancia no pescoço? É bem mais funcional e maior que uma simples vírgula...[24]

"Erros" consagrados

É bastante comum afirmar-se que a pontuação está referida apenas à estrutura sintática da frase. O que é uma grande tolice, pois a estrutura sintática não existe isolada de seu conteúdo semântico,[25] como deve ter ficado claro ao ser analisada a questão das

---

[24] V. adiante, cap. IX.

[25] Esta afirmação não está em contradição com a nota 6 do cap. III. Pelo contrário, é uma reafirmação, pois a clivagem entre estrutura sintática e – passe o pleonasmo – conteúdo semântico é, no limite, a eliminação da língua como instrumento de comunicação e, neste sentido, a negação da própria linguagem.

bases sintáticas polivalentes (v. cap. VII). Uma prova adicional disto é fornecida pelo que se poderia chamar de *"erros" consagrados* de pontuação, que na verdade não são erros mas apenas situações em que o fato semântico se sobrepõe ou pode sobrepor-se ao fato sintático, provocando uma aparente disfunção. As frases que seguem apresentam três – ou, a rigor, dois – casos típicos:

> Todos os políticos brasileiros, ou melhor, quase todos, fazem da vida pública uma verdadeira profissão.

> A máquina de guerra montada por Trotsky, ou seja, o Exército Vermelho, garantiu a consolidação da Revolução de Outubro.

> Ele decidiu tornar-se um rapaz sério. E quando começou a estudar, o fez com uma dedicação inacreditável.

De um ponto de vista lógico rigoroso, nos dois primeiros exemplos a partícula disjuntiva *ou* deve ser seguida de vírgula, com *melhor* e *seja* transformando-se em unidades sintático-semânticas subintercaladas. Está corretíssimo quem assim pontuar, pois a disjuntiva integra uma unidade sintático-semântica formada – no primeiro exemplo – por ela própria mais *quase todos* e – no segundo – por ela mais *Exército Vermelho*, não podendo, portanto, ser virgulada.[26]

O que ocorre, porém, na prática? A disjuntiva como que perde sua função sintática original e passa a integrar, com *melhor* e *seja*, uma única unidade sintático-semântica, igualando-se, semanticamente, a *quer dizer*, *isto é* e a outras expressões semelhantes que possuem função de correção ou explicação e não de disjunção. Tanto isto é verdade que, pelo menos no primeiro caso, a disjuntiva pode ser simplesmente eliminada, sem prejuízo do sentido.

Algo semelhante ocorre, no terceiro exemplo, com o conectivo *e*, que perde sua função original de ligação. Desta maneira,

---

[26] É preciso recordar que a intercalação não representa rompimento da indivisibilidade natural de uma unidade sintático-semântica.

a virgulação pode ser considerada correta (segundo a lógica deveriam existir duas vírgulas, intercalando-se a temporal, ou nenhuma, tornando a segunda frase uma única unidade sintático-semântica). Observe-se, entretanto, que, se as duas frases forem transformadas em uma só – eliminando-se o ponto –, a vírgula existente depois de *estudar* torna-se absurda se não for acompanhada de outra depois do conectivo. Por que isto? Porque neste caso o conectivo reassume sua função sintática original, que tende a perder quando colocado no início de uma frase.

Há muitos casos semelhantes, o que prova, mais uma vez, que a pontuação não está apenas referida à sintaxe mas também, e essencialmente, à semântica.[27]

A falsa intercalação: erro ou confusão?

Um caso interessante de erro muito comum é o que se poderia chamar de *falsa intercalação*. Na frase

> O ministro convocou todos os homens, jovens e velhos, para
> participarem da luta contra a agressão norte-americana

a unidade sintático-semântica *jovens e velhos* assume a forma, correta, de uma intercalação de caráter explicativo, o que é muito diferente de uma construção como

> A diretora convocou os pais, professores e
> alunos(,) para uma reunião de apoio à greve.

A vírgula depois de *alunos* é absurda, pois *professores e alunos* não é, absolutamente, uma intercalação explicativa[28]. Talvez seja possível dizer que aí ocorre uma confusão com ela, o que não torna menos crasso o erro, pois a vírgula está separando o verbo de uma parte de seu complemento. A não ser que a intenção do autor seja a de dar ênfase ao fato particular de a convocação ter

---

[27] A não ser, é claro, em frases desconexas e sem sentido. Estas, porém, por definição, não podem ser levadas em conta (v. cap. III, nota 6).

[28] A não ser, é claro, que *professores e alunos* seja um aposto. V. logo abaixo.

sido de apoio à greve. Mas neste caso, além de o verbo *convocar* assumir a natureza explícita apenas de transitivo direto, a fração do complemento representada por

> para uma reunião de apoio à greve

transformar-se-ia em uma unidade sintático-semântica autônoma e, inclusive, a vírgula poderia muito bem ser substituída por um ponto, o que seria, estilisticamente, aconselhável.

Esta solução, porém, não seria possível se a frase fosse apassivada:

> Os pais, professores e alunos(,) foram
> convocados pela diretora para uma reunião
> de apoio à greve,

porque neste caso a vírgula está claramente separando o sujeito do predicado.

Mesmo nesta construção, contudo, alguém que procurasse todas as alternativas para defendê-la teria, sintaticamente, a saída de argumentar que o grupo de pais convocados era *integrado por professores e alunos*, isto é, os pais eram professores e alunos... Improvável semanticamente mas teoricamente possível em termos sintáticos. Contudo, tal argumento não funcionaria em uma frase como

> Burros, vacas e cavalos(,) foram levados
> para a fazenda.

Neste exemplo não há saída. A vírgula é uma aberração, porque a base sintática não admite qualquer tipo de polivalência semântica que torne possível configurar uma intercalação.

Uma curiosidade: intercalação múltipla e subintercalação

Apesar da pouca importância que possuem em termos práticos, não deixa de ser interessante, do ponto de vista teórico, mencionar as questões da *intercalação múltipla* e da *subintercalação*.

A primeira delas ocorre quando a figura da *intercalação* é representada, em sequência, não apenas por uma mas por duas ou mais unidades sintático-semânticas:

> O governo, diante das violentas críticas, temendo que a crise política se agravasse, determinou a suspensão de várias obras públicas.

O rigor lógico exigiria que depois de *críticas* houvesse duas vírgulas, pertencendo a primeira à primeira unidade sintático-semântica e a segunda à segunda, pois assim ficaria claramente definida, em termos de sinalização, a dupla intercalação:

> O governo, diante das violentas críticas,
> (,) temendo que a crise política se agravasse,
> determinou etc.

Seguindo o raciocínio, três intercalações seguidas exigiriam seis vírgulas, quatro oito e assim por diante, com cada intercalação sendo sinalizada por duas vírgulas a ela exclusivamente pertencentes. Na prática, porém, tal não ocorre, ficando subentendido que na intercalação múltipla a segunda vírgula – aquela que segue à intercalação – sempre funciona também como a primeira da nova intercalação. Enfim, atribui-se a ela, em benefício da simplicidade, dupla função.

Algo parecido acontece na *subintercalação*. Na frase

> Ele decidiu, sem ter, por temor, consultado
> seus pais, abandonar imediatamente os
> estudos clássicos

a vírgula depois de *decidiu* e *pais* deveria ser duplicada:[29]

> Ele decidiu,(,) sem ter, por temor, consultado seus pais,(,) abandonar...

Também aqui o rigor da lógica é deixado de lado em favor da simplificação. Compreensivelmente, pois a dupla virgulação

---

[29] A semelhança do que se faz com as aspas quando de citações dentro de citação.

apenas explicitaria visualmente o que semanticamente já é por demais óbvio. De maneira que, sempre segundo este raciocínio, em caso de intercalação dentro de uma subintercalação – a sub-subintercalação – haveria duas triplicações e duas duplicações de vírgulas. E assim por diante! Sem falar no caso de tal situação ocorrer em combinação com a intercalação múltipla...

O mesmo problema, solucionado também via simplificação, é encontrado em construções como:

> Estavam na reunião o padre, Paulo e Luísa. E Maria, a dona da casa, em estado avançado de gravidez.

Obviamente, depois de *Maria* ou depois de *casa* a vírgula deveria ser duplicada, pois ela existe *antes* da introdução da intercalação e das duas vírgulas que a esta acompanham.

Contudo, compreensivelmente, a duplicação não é feita e nem por isto se pode dizer que haja algum problema de confusão. Ocorre, porém, que em construções com a presença de subordinadas relativas a confusão pode realmente ocorrer:

> Sem rodeios, ele logo foi acusando os funcionários, reconheci-damente mal pagos, que não se submetiam às suas ordens.

Na forma como está virgulado o período, é possível dizer se o *que* integra uma subordinada relativa restritiva ou uma explicativa? Não. Neste e em muitos casos semelhantes, o *que* configura uma estrutura lógica imprecisa e sem solução, já que não é hábito duplicar a vírgula. A imprecisão terá que ser corrigida – caso o contexto não seja suficientemente claro – via reestruturação do período.

Como se vê, a pontuação tem coisas realmente interessantes...

E o *etc.*?

Etc. é a abreviação de duas palavras latinas justapostas: *et coetera* (e outras coisas; e o restante). Comumente é colocada ao final de uma relação de pessoas, objetos, conceitos etc. apresentados na forma de inventário. Deve-se usar a vírgula entre o último termo do inventário e a referida abreviação?

De um ponto de vista lógico rigoroso[30], a vírgula não só é desnecessária como também injustificável, pois *et* é o conectivo *e* e, portanto, serve para ligar o penúltimo e o último dos termos de uma relação tipo inventário, relação da qual *et coetera* é o último:

> O menino comprou lápis, cadernos, canetas, borrachas etc.

Habitualmente, contudo, e com certa razão, em vista da aglutinação de *et* e *coetera*, considera-se a abreviação *etc.* como uma palavra única e não como duas.

> O menino comprou lápis, cadernos, canetas, borrachas, etc.

No mais, a abreviação é regida, coerentemente, pelas regras gerais da pontuação:

> Frutas como laranja, banana, abacaxi, melão etc. integram a boa dieta alimentar de qualquer pessoa de posses.

E é absurdo colocar vírgula depois de *etc.*, pois a indivisibilidade natural por origem de uma unidade sintático-semântica formada por sujeito e predicado estaria sendo rompida. A não ser que a estrutura sintático-semântica fosse alterada para

> Frutas, como laranja, banana, abacaxi, melão etc.(,) integram a boa dieta alimentar de qualquer pessoa de posses,

com a evidente presença da figura da intercalação. E, também, com evidente alteração da estrutura lógica e, portanto, do sentido da frase.

---

[30] Não se leva em conta, por uma questão de argumentação, a alternativa de poder separar o penúltimo do último termo mesmo quando o conectivo está presente: *O menino comprou... canetas, e borrachas.* Esta também seria uma explicação para a vírgula consuetudinária antes de *etc.* Mas não muito lógica, pois neste caso ter-se-ia que aceitar que sempre, mesmo quando na ausência do *etc.*, o conectivo *e* e o último termo da relação são separados por uma vírgula. Ora, ocorre que o mais comum é exatamente o contrário!

Um falso método

Na ausência de uma noção precisa do que seja a pontuação, é normal que a confusão seja grande. Reconheça-se, porém, que a inventividade para suprir tal falha não é menor.

Um dos mais curiosos exemplos desta inventividade é o que aconselha, a quem não souber pontuar ou a quem tiver dúvidas, ler o texto em voz alta. Com a óbvia finalidade de colocar vírgula onde for feita uma pausa curta e ponto onde uma longa... E assim por diante.

A validade deste recurso – compreensível face à incerteza reinante em relação à questão – nem merece ser discutida, por ter sido a questão suficientemente tratada e explicitada nos cap. II e III. De qualquer maneira, fica o registro, como curiosidade.

O caso de *porém*

Antigamente, os professores de Língua Portuguesa não ensinavam apenas morfologia, sintaxe e semântica. Quando exigiam e corrigiam dissertações e redações, aventuravam-se também pelo campo da estilística e da retórica.

Bons tempos aqueles! E não é de admirar que no Brasil de hoje não existam, salvo raríssimas exceções, líricos, ficcionistas e jornalistas de expressão abaixo de 45/50 anos: ou têm talento mas não técnica e cultura ou não têm talento nem técnica nem cultura. Em resumo, são quase todos uns pobres-diabos sem instrutores, sem limites e sem parâmetros. Mas de quê se admirar? Cem milhões de bárbaros em 40 anos dá nisso! E em 60.000 assassinatos por ano, cifra superior à dos soldados norte-americanos mortos nos campos de batalha no Vietname ao longo de cerca de dez anos!

Mas, voltando às questões de linguagem, o que diziam os antigos professores, além de ensinar Língua Portuguesa com alta eficiência? Várias coisas. E uma delas era famosa: *mas* e *porém* são conjunções com o mesmo sentido. Contudo, no início da frase, da oração ou do período não se pode usar *porém*. Esta deve ser sempre posposta e colocada entre vírgulas.

Não vale a pena discutir se esta curiosa lição de estilística está certa ou errada. O certo é que os antigos professores obrigavam os alunos a pensar, a racionalizar o uso das palavras, a discutir a função delas. E isto era altamente eficiente em termos de aprendizado. Nada a admirar, aliás. Eles não faziam mais do que repetir os métodos que há cerca de 2.500 anos, para ficar apenas no Ocidente, vinham sendo aplicados em sala de aula. E que tinham sido a base de formação dos grandes gênios da língua e da arte literária ao longo dos séculos.

E aqui, sob o ponto de vista estrito da pontuação, o que se pode afirmar sobre *porém*?

Bem, seria longo, trabalhoso e, para os objetivos desta obra, pouco útil proceder a uma análise sintático-semântica detalhada desta conjunção, que é uma das mais interessantes[31] do léxico português. Seja como for, aqui, em termos práticos e sucintos, é suficiente observar que o uso de *porém* ocorre em três posições: *no início*, *no meio* e *no fim* da frase, da oração ou do período.

1 – No início
Quando no início da frase, da oração ou do período, há duas situações clássicas: sem intercalação e com intercalação.

a) Sem intercalação

> Ele vai embora. Porém eu não irei.

Segundo os princípios seguidos nesta obra, neste caso não pode haver vírgula: *Porém* é uma conjunção adversativa perfeita e seria absurdo separá-la da oração por ela regida.

b) Com intercalação

> Ele vai embora. Porém, como já informei, eu não irei.

Pelo mesmo argumento aduzido em *a*, neste caso as duas vírgulas estão corretas. Alguém poderia argumentar que de

---

[31] Além de sua etimologia, sua relação com *mas* e outras adversativas são questões curiosas. Observe-se, por exemplo, que quando anteposta ela pode ser sempre substituída por *mas* e quando posposta jamais.

acordo com a teoria das unidades sintático-semânticas ambas são, em conjunto, opcionais. É verdade. Contudo, estilisticamente elas representam a solução mais adequada por darem ênfase à informação contida na unidade sintático-semântica que delimitam. Obviamente, a estas alturas não mais seria necessário repetir que o uso de *apenas uma das vírgulas* implicaria um absurdo, por romper unidade sintático-semântica por origem formada pela conjunção e pela oração por ela regida.

2 – No meio

Quando no meio da frase, da oração ou do período, a situação é bem mais complexa do que quando no início. Mas também aqui há duas situações básicas: no meio de uma oração e no meio de um período.

a) No meio de uma oração

> Ele vai embora. Eu, porém, não irei.

Este é o mesmo exemplo de 1a, mas com a posposição de *porém*. Era esta a construção sintática que os professores de antigamente diziam ser a correta. Sintaticamente pode-se até discutir esta afirmação. Mas estilisticamente eles tinham razão porque em

> Ele vai embora. Eu, porém, não irei.

há um paralelismo (Ele/Eu) que não há em

> Ele vai embora. Porém eu não irei.

Quanto à pontuação, a intercalação de *porém* através do uso de duas vírgulas é a regra usual. Contudo, não há argumentos contra a eliminação delas. Até pelo contrário, pois alguém poderia dizer que, não sendo a conjunção seguida de vírgula quando anteposta, não há sentido em intercalá-la quando posposta. Seja como for, o que deve ser considerado aberrante sob qualquer ponto de vista é o *uso de apenas uma vírgula*, esteja esta colocada antes ou depois de *porém*.

b) No meio de um período

Quando *porém* estiver no meio de um período a questão adquire maior complexidade. Veja-se o que ocorre no caso do exemplo utilizado acima e aqui levemente alterado:

> b1 – Ele pode ir embora, porém eu não irei.
> b2 – Ele pode ir embora porém, eu não irei.
> b3 – Ele pode ir embora(,) porém(,) eu não irei.

Este é um caso clássico de base sintática polivalente, no qual, como em tantos outros semelhantes, a pontuação é fator determinante da semântica. Isto é, para indicar o que o autor do texto quer dizer. Dependendo da semântica, as alternativas b1 e b2 tanto podem estar certas como estar erradas. Por isto, a alternativa b3 é inviável (a não ser que o autor pretendesse construir conscientemente um período com semântica indefinida (v. cap. IX).

3 – No fim

Quando no fim da frase, da oração ou do período a situação é, por definição, única. Mas há duas alternativas:

> a – Ele vai embora. Eu não irei(,) porém.
> b – Ele vai embora. Eu não irei porém.

A alternativa *a* deve ser considerada correta, indiscutivelmente. Quanto a *b*, que é a de uso mais corrente, não deve ser considerada errada porque não pode ser aduzido o argumento utilizado em 2b3, já que aqui a conjunção não antecede oração por ela regida.

Ou seja, ou melhor etc.

Existem em português algumas locuções/expressões de natureza corretiva, explicativa ou concessiva – todas compostas pela disjuntiva *ou* seguida de uma ou mais palavras – que têm pontuação controversa. Duas destas locuções/expressões são as clássicas *ou seja* e *ou melhor*. Mas há outras, como *ou em outras palavras, ou melhor dizendo, ou vá lá, ou passe* etc.

Seria longo e, numa obra como esta, de proveito duvidoso fazer uma análise sintático-semântica completa destas locuções/ expressões, que, aliás, são quase sempre vantajosamente substituídas pelas também clássicas *isto é*, *quer dizer* e *melhor dizendo*, que não levantam qualquer problema. Seja como for, já que a questão é eventualmente levantada não é fora de propósito fazer algumas breves observações.

Para simplificar, o período utilizado como exemplo é curto e a possibilidade do uso de ponto, ponto-e-vírgula e dois pontos não será discutida[32]:

> 1 – Ele disse estar doente ou seja mentiu.
> 2 – Ele disse estar doente ou seja, mentiu.
> 3 – Ele disse estar doente ou, seja mentiu.
> 4 – Ele disse estar doente, ou seja mentiu.
> 5 – Ele disse estar doente ou, seja, mentiu.
> 6 – Ele disse estar doente, ou seja, mentiu.
> 7 – Ele disse estar doente, ou, seja mentiu.
> 8 – Ele disse estar doente, ou, seja, mentiu.

Aí estão as alternativas de virgulação do período (não esquecendo da *nota 32*). O que pode ser dito sucintamente sobre cada uma delas? Pela ordem:

1 – A ausência de pontuação – com exceção do ponto final – não é usual mas, considerando que a base sintática não é polivalente, esta alternativa pode ser considerada correta.

2 – A análise, se viável, deste caso seria longa. Contudo, considerando que *ou*, com tal virgulação, não pode assumir nem a função de *disjuntiva real* nem a de parte de uma *locução explicativa* (*isto é*, por exemplo), esta alternativa é aberrante, absurda.

3 – Mesma situação de 2.

---

[32] No exemplo todas as vírgulas entre *doente* e *ou* podem ser substituídas por ponto ou por ponto-e-vírgula e todas as entre *seja* e *mentiu* podem sê-lo por dois pontos. Estas alterações não afetam em nada a discussão.

4 – Mesma situação de 1, porque a vírgula – ou o ponto ou o ponto-e-vírgula – separa duas unidades sintático-semânticas compostas por aglutinação, sendo a vírgula, portanto, opcional.

5 – Aqui *ou* tende assumir a função de uma *disjuntiva real* e não – unida a *seja* – a de uma *locução explicativa*. Consequentemente, a semântica oscila[33]. Seja como for, esta alternativa tem sido usada, inclusive nesta obra, com função semântica explicativa. Tal uso estaria errado? Difícil dizer. Mas aberrante ou absurdo certamente ele não é. Nesta obra esta alternativa é considerada correta.

6 – Esta virgulação é a mais corrente e usual, com *ou seja* perdendo qualquer função disjuntiva e assumindo integralmente a função de *locução explicativa* que tem em *isto é* e *quer dizer* sinônimos e substitutos perfeitos. Tão difícil de analisar linguisticamente ou de justificar sintaticamente quanto a 5, esta alternativa parece já estar definitivamente consagrada pelo uso na função de *locução explicativa*.

7 – Como em 2 e 3, esta alternativa é aberrante, absurda.

8 – Para esta alternativa vale o mesmo dito no caso de 5.

Mais uma vez: bizantinices? Talvez. E de novo: mas foi assim, discutindo a fundo a língua e mergulhando em sua complexa sintaxe e em sua fluida semântica, que se formaram os grandes mestres do texto e os grandes criadores da arte literária. Eles não resolveram todos os problemas. E nem o pretendiam nem o podiam. Mas eles encontraram as soluções indispensáveis a seu gênio.

A vírgula nas citações

Nos últimos anos tem sido frequente ou, melhor dizendo, corrente em jornais e revistas o uso da vírgula depois de citações

---

[33] Qual é o sentido? É *Ou ele disse estar doente ou mentiu* ou *Ele disse estar doente, quer dizer, ele mentiu?*

seguidas dos *verbos de atribuição*[34], tais como *dizer*, *declarar*, *afirmar*, *frisar*, *acentuar*, *propor* e dezenas, possivelmente centenas, de outros semelhantes. O padrão é o seguinte:

> "O governado mal tomou posse e já saiu de férias"(,) disse o líder da oposição.

Do ponto de vista da teoria das unidades sintático-semânticas o que se pode dizer sobre este uso é o seguinte:

1 – De acordo com a referida teoria – e com a lógica mais primária – esta vírgula é absurda, aberrante, errada ou como se quiser denominá-la. Por quê? Pelo óbvio: a citação é objeto direto de *disse* e, portanto, forma com ele uma unidade sintático-semântica por origem e, portanto, indivisível.

2 – O argumento estilístico da *ênfase* – repetição, implícita no caso, do objeto direto, configurando a citação como *casus pendens*[35] – não tem qualquer base nesta e em todas as situações idênticas ou semelhantes. Para nem falar dos "argumentos" da *pausa para respirar*, da *entonação* etc.

3 – Antigamente utilizava-se em tais casos o travessão, que era uma boa solução. E continua sendo, em particular nos diálogos, pois em editoração moderna este sinal gráfico assumiu, entre outras, a função de indicar uma separação semântica não acompanhada de ruptura sintática.

4 – Se alguém disser que questões como esta não têm qualquer importância diante da generalizada e acelerada degeneração da Língua Portuguesa no Brasil, isto é verdade: ele, o problema, é apenas parte dela, a degeneração.

---

[34] Mais conhecidos como *verba declarandi* e *verba dicendi* (*verbos de declarar* e *verbos de dizer*).

[35] V. cap. X.

O sinal de parênteses

Não interessa aqui discutir se o sinal de parênteses – como o travessão e as aspas, por exemplo – é um sinal de pontuação propriamente dito. O que importa é que, entre as várias funções que possui[36], a mais importante delas é a de, no meio ou no final de uma frase, de uma oração ou de um período, delimitar o início e o fim de um adendo autônomo (e quase sempre explicativo) que o autor pretende isolar visualmente da estrutura sintático-semântica básica. Nesta função o sinal de parênteses é, muitas vezes, substituído por vírgulas ou por travessões, o que, principalmente em jornais, revistas e ensaios, é aconselhável, sempre que possível. Assim, por ter função na estrutura lógica do texto, o sinal de parênteses está no campo da pontuação. Contudo, sua importância maior está no campo da estilística e principalmente da editoração. Sob este aspecto e nesta função, a tradição e o bom senso – já que inexistem regras fixas ou princípios lógicos confiáveis – fornecem algumas indicações para seu uso adequado:

1 – Em um texto limpo e com editoração profissional o uso do sinal de parênteses deve ser extremamente restrito, sob pena de sobrecarga gráfico-visual, caos estilístico e confusão conceitual.

2 – O segmento de texto delimitado pelo sinal de parênteses deve:
- ser o menor possível;
- situar-se, preferencialmente, no fim da frase, da oração ou do período;
- não conter sinais de pontuação, a não ser, eventualmente, vírgula ou ponto-e-vírgula.

O modelo-padrão de uso do sinal de parênteses é, portanto, o seguinte:

---

[36] Como indicar notas de rodapé ou de final de capítulo, registrar autoria e supressão de parte de citação, chamar a atenção para expressões literais etc.

> Em Belém, Maria e José buscaram abrigo em uma estrebaria, pois não havia lugar para eles nas hospedarias da cidade (segundo a versão dos Evangelhos de Lucas e Mateus).

3 – É um verdadeiro contra-senso que agride as normas de um estilo limpo e de uma editoração profissional a tendência recente de uso abusivo do sinal de parênteses, que passou não raro a delimitar várias frases e longos períodos sobrecarregados de pontuação. Isto é produto de indigência mental, de lógica precária e de despreparo profissional[37], que se traduz em redação caótica, em estilo arrevesado e em invencionices tolas. Assim, é frequente hoje encontrar – em reportagens, em crônicas, em antigos e ensaios – textos como este:

> A política norte-americana em relação às suas reservas de combustíveis fósseis tem por objetivo preservá-las pelo tempo mais longo possível. (Por isto sua relação com os países produtores de petróleo é, neste campo, conflitiva. De um lado, Washington apoia o aumento do preço do produto; de outro, teme que este preço se eleve a níveis que prejudiquem seu setor industrial e reduzam suas reservas internas) Esta política sofre hoje os efeitos do fim da Guerra Fria.

Ou como este, em nota de rodapé:

> Heródoto relata o episódio dos 300 de Esparta em sua *História*. (esta obra, apesar de não ter o nível paradigmático da de Tucídides, já contém o conceito de *história* no sentido grego.)

Em ambos os casos estamos diante de uma editoração caótica no que diz respeito ao sinal de parênteses.

No primeiro texto há ponto antes do primeiro sinal de parênteses, a pontuação é sobrecarregada, não há ponto final depois do

---

[37] Mas o que se poderia esperar se mesmo nos cursos de Letras e Jornalismo/Comunicação não há mais quem ensine a escrever um período com precisão e clareza e a redigir uma dissertação com organização interna e estilo adequado?! Enquanto isto sobram tolos e deslumbrados massacrando os alunos com arvorezinhas idiotas e teorias cuja origem desconhecem. Não é de admirar que 75% dos brasileiros entre 15 e 60 anos sejam analfabetos funcionais, segundo pesquisa do IBGE de 2005. As amostras desta pesquisa devem ter abrangido os professores de cursos de Letras em que se ensina só "Linguística moderna"... V. *Linguagem, poder e ensino da língua*, "Introdução".

segundo sinal de parênteses e o segmento colocado entre os dois parênteses é longo, contendo várias frases e vários períodos. O resultado só poderia ser redação ruim e estilo confuso. A solução é refazer o texto, reorganizando-o, e eliminar os parênteses.

No segundo texto há ponto antes do primeiro sinal de parênteses, minúscula depois do mesmo, ponto antes do segundo sinal de parênteses e ausência de ponto final depois dele. Em resumo, um caos! A solução? Simples: mantém-se o ponto final depois de *História*, eliminam-se os dois sinais de parênteses e inicia-se uma nova frase com *Esta*:

Muitos podem julgar, mais uma vez, que tais preocupações e tais cuidados não passam de bizantinices e velharias sem qualquer valor. É que eles nunca viveram nas redações de jornais nas décadas de 1960/70, nas quais todos, independentemente de seu talento natural, eram profissionais do texto e nas quais os *secretários de redação* – como então eram chamados – repetiam à exaustão aos jovens que se iniciavam na carreira:

> Não há *texto longo* ou *texto difícil*. Há *texto chato* e *texto confuso*.

Hoje ninguém mais tem treinamento suficiente para perceber estas diferenças...

Pontuação e sociedade

Não se pretende aqui fazer relações esdrúxulas para alardear supostas descobertas ou repetir banalidades em busca de alguns trocados ou de cinco minutos de fama. Este não é o lugar. Além do mais, já há suficientes linguistas modernos e filósofos franceses pós-modernos – inclusive brasileiros – fazendo isto com grande competência. Mas como leitor – por hábito e por necessidade profissional – de vários jornais diários e de duas ou três revistas semanais não há como deixar de constatar a constante e progressiva deterioração da qualidade do texto jornalístico e da língua em geral. As causas deste fenômeno são várias, variadas e complexas, não podendo ser aqui analisadas[38]. O que importa é que esta deterioração transparece inclusive na pontuação.

Mais do que uma pontuação errada, que geralmente acompanha um estilo tosco e arrevesado, o que impressiona é o desaparecimento puro e simples do ponto de exclamação, das reticências e até do ponto de interrogação. Evidentemente, um texto jornalístico deve usar parcimoniosamente os sinais de pontuação. Contudo, muitas vezes eles são absolutamente necessários. Pois a pontuação é um recurso – às vezes muito limitado, é verdade, – cuja função é auxiliar, sempre que necessário e possível, para que não haja solução de continuidade, ou dissociação, entre o que o autor do texto quer dizer e o que o leitor pode e deve entender. No texto jornalístico, que se constitui por definição como *informação*, isto é tão basilar quanto no texto científico, histórico etc.

Períodos como

> O presidente afirmou que depois dos 60 anos
> só é de esquerda quem tem problemas. Esta é
> uma afirmação que pode ser contestada, mas
> se ele disse...

> Nós não somos corruptos! Se a gente fosse...

> Ela continuava linda e muito saudável.
> Mas como sua cabeça mudara...

> Mas como eu poderia confessar algo
> que não fiz?!

aparecem a toda hora em jornais e revistas, em matérias assinadas ou não, com um simples ponto no final. Ora, nos três primeiros exemplos as reticências são fundamentais, porque elas indicam ao leitor a presença de um raciocínio suspenso ou interrompido e o convidam a completá-lo. No segundo e no quarto exemplos os pontos de exclamação e interrogação são parte integrante do texto porque revelam, ou indicam, a intensidade *conceitual* contida na

---

[38] V. *Linguagem, poder e ensino da língua*, particularmente o capítulo sobre "Língua e civilização".

pergunta/afirmação. Nos quatro casos a sinalização gráfica é parte inseparável do texto porque é parte inseparável da informação nele contida.

Mas o que estes e outros casos similares têm a ver com sociedade? Simples: sempre que uma sociedade passa por um processo, irreversível ou não, de desagregação e decadência, sua produção cultural é a primeira a revelar os sinais do fenômeno. A história do latim a partir do século III d.C. é um exemplo clássico[39].

Desde meados da década de 1960 o Brasil foi afetado por violentas, profundas e vertiginosas transformações históricas, tais como a industrialização acelerada, a urbanização caótica, a explosão demográfica etc. Neste processo foi subvertido e desmontado um sistema civilizatório que, mal ou bem, existia há cerca de dois séculos e as consequências disto podem ser observadas no crescimento das desigualdades sociais, da miséria e do crime, na desestruturação do sistema pedagógico, no afrouxamento generalizado das regras de convivência social e de comportamento moral, enfim, na decadência civilizatória generalizada.

Este ambiente de anomia crescente, de insegurança progressiva e de caos incontrolável afeta todos os setores da vida social, inclusive o da língua. E é natural que assim seja. Afinal, se todas as normas e todos os limites parecem ter sido abolidos e a desordem e a barbárie avançam incontidas, que importância podem ter as velhas regras do bem falar, do bem escrever e do bem pontuar?

Esta não é uma visão pessimista ou um lamento moralista. É apenas uma simples e objetiva constatação histórica: até em aspectos aparentemente tão restritos e secundários da vida social, como a pontuação de um texto, são claros os sinais de que o Brasil atingiu um ponto crítico, aquele em que, como disse Michel de Montaigne, "todas as coisas começam a oscilar perigosamente".

---

[39] Inversamente, a história da formação das grandes línguas nacionais europeias a partir dos séculos XIII e XIV revelam a lenta formação dos Estados nacionais pós-medievais.

IX

O poeta, o poema e a pontuação

Ao longo de quase uma década – do início de 1967 ao final de 1975 – trabalhei na redação do antigo *Correio do Povo*, ao lado de uma dezena de nomes que à época já eram ou que depois viriam a ser importantes e conhecidos, em várias áreas, no Rio Grande do Sul e mesmo no Brasil.

Entre eles estava Mário Quintana. "Adotado" por Breno Caldas, diretor da Empresa Jornalística Caldas Júnior, então em seu apogeu, sua única função era escrever o *Caderno H* para a edição dominical do jornal[40]. E lá ficava ele, debruçado em sua mesa, a rabiscar seus versos enquanto fumava incontáveis cigarros. Ou no bar da Empresa, no segundo andar do prédio, tomando sucessivas taças de café preto.

Com vinte e poucos anos, eu mal estava começando a vida. Quintana, que completara 60 anos (1966) meses antes de eu chegar a Porto Alegre e aportar à redação do jornal, era já então um tradutor prestigiado[41] e um poeta famoso no Brasil.

---

[40] Em meados de 1967, com a criação do "Caderno de Sábado", o *Caderno H* passou a fazer parte dele.

[41] Sua tradução de *Lord Jim*, de J. Conrad, é genial. Já ouvi pessoas dizendo que Quintana não respeitava o original, criando livremente sobre ele. Nunca fui verificar se isto é verdade. Pensando bem, nem interessa. O original de Conrad não pode ser melhor que a tradução de Quintana...

Trabalhando lado a lado, mas com quase quarenta anos de diferença, pouco nos unia: eu um coloninho mal saído do mato e do Concílio de Trento, ele um fronteiriço desgarrado, amestiçado com sangue holandês, e uma das grandes vozes líricas da Língua Portuguesa no século XX. Mas o conhecimento de línguas e o interesse por literatura nos aproximavam, e por isto tínhamos longas conversas no bar, ele com sua indefectível xícara de café preto e eu com meu *farroupilha* de janta.

Ele era uma figura fantástica: ranzinza e tranquilo, genioso e delicado, sensível e sarcástico, sutil e demolidor. Tudo ao mesmo tempo: era civilizado como um anjo e iconoclasta como um demônio. Tudo dependia do momento e do interlocutor. Guardo ainda na memória algumas – infelizmente poucas – de suas tiradas ferinas. E uma delas é sobre o título deste capítulo: o poema e a pontuação.

Um dia, no bar, o poeta estava irritado: contra as professoras que mandavam seus alunos pedir autógrafos, contra uma adolescente que queria saber se ele tinha tido namoradas, contra alguém que lhe perguntava por que não colocava vírgulas em seus poemas... Eu ouvia calado. E ele terminou: "Viu, guri, o leitor é que deve colocar as vírgulas. E não eu!"

Eu não entendi nada. E fiquei quieto: tinha aprendido a não discutir com o *seu* Mário, como todos o chamavam na redação. Mas o episódio, e aquela estranha afirmação, ficou gravado no baú de minha memória. E nunca mais pensei no assunto.

Mais tarde que Luís Antônio de Assis Brasil[42], foram necessárias quase três décadas e três livros de poemas para que, poucos anos atrás, em meio a uma aula sobre o gênero lírico, eu entendesse, num estalo, o que grande poeta quisera dizer com sua particularíssima teoria sobre a pontuação de um poema. Vamos por partes.

---

[42] Que recentemente afirmou ter demorado cerca de vinte e cinco anos para entender o que eu pretendera dizer quando, na década de 1970, o qualifiquei de "herdeiro, tematicamente falando, de Érico Veríssimo"...

Ao contrário da narrativa (ou *gênero épico*) e do teatro (ou *gênero dramático*), que por sua própria natureza tendem à descrição e à expansão, a poesia (ou *gênero lírico*)[43] tende à densidade e à concentração. Em termos simples: um autor lírico, como se pode perceber claramente já em Safo e em Catulo, procura expressar um máximo de ideias com um mínimo de palavras. E para tanto utiliza todos os recursos que sua língua lhe oferece. Entre estes vários recursos – pelo menos na tradição lírica ocidental – está a *polissemia*[44], isto é, o fenômeno de uma palavra, uma expressão ou uma frase terem, ou poderem ter, mais de um sentido. Vejamos um exemplo bem simples:

Livro de partidas[45]

De meu fadário
Necessário sempre
Fui feitor preciso
E'scrupuloso meticuloso
Assentei-o cauto
Qual o vivi,
O que ganhei,
O que perdi.
E assim sendo
Senhor de mi
Resultou final
Que senhor
De mim me vi.

Não interessa aqui discutir a qualidade do poema, nem fazer dele uma análise exaustiva. O que importa é sublinhar que seus primeiros três versos são um exemplo clássico de polissemia.

Os três versos formam uma frase – que tem uma única oração, pois existe um único verbo (*fui*). E são, portanto e à primeira

---

[43] Aqui, por um questão de simplificação, o termo *poesia* é utilizado como sinônimo de *lírica*. Para uma discussão sobre *gêneros literários* v. Gonzaga, Sergius. *Curso de Literatura Brasileira*. Porto Alegre: Leitura XXI, 2004.

[44] Ou *plurivocidade* ou *multivocidade*. *Polissemia* vem do grego: πολὺς (vário, muito) e σῆμα (conteúdo).

[45] De *Última lira*, inédito.

vista, uma estrutura bem simples. Contudo, se a frase for analisada a partir da teoria das unidades sintático-semânticas, esta simplicidade revela ser apenas aparência. Para perceber isto basta analisar acuradamente os três versos, tentando identificar e isolar as unidades sintático-semânticas que, suposta e possivelmente, os compõem.

Mas, dirá alguém, os três versos, tais como se encontram – sem qualquer sinalização gráfica, a não ser o necessário ponto final, já que foram isolados do poema –, formam, segundo a referida teoria, uma única unidade sintático-semântica. Certamente! Contudo, este, digamos, formato foi uma decisão/escolha do autor do poema e não significa, sempre segundo aquela teoria, que tal formato não possa – no caso em questão – ser alterado, de tal maneira que a única unidade sintático-semântica se dissolva em duas ou mais.

Para provar a existência desta possibilidade basta fazer o teste (para melhor visualização, os três versos serão alinhados):

> 1 – De meu fadário necessário, sempre
> fui feitor preciso.
> 2 – De meu fadário necessário sempre,
> fui feitor preciso.
> 3 – De meu fadário, necessário sempre
> fui feitor preciso[46].

O que aconteceu? Simples:

O autor optou por dar, em cada caso, sentido diverso – e preciso – à frase composta por seus três versos e para tanto seccionou-a em duas unidades sintático-semânticas, diferentes caso a caso. E para alcançar tal objetivo utilizou o recurso da virgulação. E, assim, em 1 o advérbio *sempre* – antes em posição indefinida – passou a qualificar apenas e obrigatoriamente *fui*; em 2 passou a qualificar apenas e obrigatoriamente *necessário*; e, finalmente, em 3 *necessário* concorda com *preciso* e qualifica *feitor* ou, em

---

[46] Há várias outras alternativas – intercalar *necessário*, por exemplo –, que, por simplificação, não serão aqui discutidas.

uso menos comum mas ainda vigente no português atual, pode ser forma adjetiva do advérbio, isto é, de *necessariamente*.

Não é possível aqui, nem necessário, ampliar e/ou detalhar mais esta análise da frase formada pelos três versos acima. O leitor arguto já percebeu qual era lição do poeta ao aprendiz – que levou quase trinta anos para captá-la... Esta lição era, mais ou menos, a seguinte:

> Não limite nem delimite o(s) sentido(s)
> possível(veis) do seu poema!
> Deixe-o(s) todo(s) nele!Cada leitor escolherá o(s) seu(s)! E, é
> claro, o leitor mais arguto
> captará todo(s) ele(s).

Só quem alcançara a absoluta compreensão da natureza e da especificidade da lírica e o completo domínio do conteúdo e da forma de seu verso estava em condições de dar tal lição. Um principiante, na vida e na arte, não poderia – nem jamais poderá – entendê-la.

Em outras palavras e em termos didáticos: aquilo que na prosa (de ficção, descritiva, histórica, científica etc.), no ensaio, no artigo, na crônica etc. é um grave defeito – a imprecisão, a ambiguidade, a confusão – na poesia pode ser uma grande qualidade. Não há, portanto, "liberdade poética"... Muito pelo contrário, há precisão, concisão, concentração e condensação líricas. E conteúdo. Ou não haverá poema.

Discutindo com João Guimarães Rosa...

Quem já trabalhou em editoras, jornais, revistas e assemelhados sabe que correção, precisão e fidelidade em um texto representam um problema sério, às vezes quase dramático. Um autor, com razão ou sem ela, pode querer impor ao gerente editorial, ao gerente de produção ou ao revisor suas próprias regras, mais ou menos idiossincráticas. Estes, por sua vez, podem querer impor as suas... E os quatro podem estar certos ou errados, podem equivocar-se ou podem distrair-se! E no tempo – antigo e tão recente! –

da composição manual e/ou da composição a quente o tipógrafo e o linotipista também podiam enganar-se. Ou, até, querer dar seus palpites. O que não era tão raro assim...

Mas isto é coisa do passado pode alguém dizer. *Não é bem assim!* Inclusive, hoje, com os avanços tecnológicos recentes, na impressão *on line* – a partir de um arquivo virtual – não há mais a possibilidade de um controle final e definitivo sobre um suporte físico/visual – o papel-filme, a chapa, a prova. E os *softwares* e os impulsos elétricos podem sofrer interferências "misteriosas" que só serão percebidas quando a impressão estiver finalizada. E então é tarde.

Mas, deixando estas digressões tipográfico-editoriais à parte, vamos pressupor que a 6ª edição de *Grande sertão: veredas*, da José Olympio, foi totalmente revisada pelo autor, que em momento algum ele se distraiu, que nenhum tipógrafo ou revisor resolveu "melhorar" o texto e que, por fim, este foi impresso sem qualquer erro de pontuação resultante da distração do autor[47]. E assim, tranquilos, abramos a obra para colher alguns exemplos.

Depois de ler e reler os exemplos (v. abaixo), o que se pode afirmar sobre a pontuação em *Grande sertão: veredas*? Várias coisas:

1 – Guimarães Rosa era particularmente pródigo no uso de sinais de pontuação, inclusive no caso dos dois pontos, das reticências e do travessão. Talvez nenhum dos ficcionistas brasileiros tenha utilizado com tão pouca parcimônia este recurso da escrita.

2 – Guimarães Rosa adotou não raro, e particularmente em *Grande sertão: veredas*, uma pontuação que em alguns casos específicos deve ser considerada anômala em relação às normas da pontuação tradicional, aqui reunidas sob a qualificação de *teoria das unidades sintático-semânticas*.

3 – Se considerada a totalidade do texto – mais de 400 páginas – e o número total dos sinais de pontuação utilizados, estes

---

[47] O que é pouco provável em obras de algumas dezenas de páginas. Quanto mais em um romance de mais de 400!

casos anômalos, ainda que representativos, são pouco numerosos. Além disto, grande parte deles podem ser enquadrados na teoria das unidades sintático-semânticas como casos de *ênfase*, ou repetição, de *casus pendens*, de *expletivos* etc.

4 – Há alguns casos, estes bem mais raros, cujo enquadramento na teoria das unidades sintático-semânticas é absolutamente impossível. Disto são exemplo alguns de separação, por vírgula, de sujeito e predicado.

5 – Apesar de 4, o criador de Riobaldo não pode ser considerado um grande inovador ou um revolucionário no que tange à pontuação. Até pelo contrário, se considerado *Grande sertão: veredas*.

6 – Gênios têm direito a idiossincrasias, que podem ou não ser justificadas, por eles próprios ou por outros.

7 – Se depois de detida e profunda análise os casos – raros, é necessário insistir – de virgulação absurda ou errada em *Grande sertão: veredas* fossem *corrigidos* ou não, a grandiosidade desta criação roseana não seria minimamente afetada.

Dito isto, passemos à análise das seis citações selecionadas:

> 1 – Olhe: o rio Carinhanha é preto,
> o Paracatu moreno; *p. 24*

Pontuação clássica, que usa adequadamente dois pontos e ponto-e-vírgula e não cai na tentação de colocar vírgula depois de *Paracatu* sob a falsa justificação de *pausa* ou de *substituta do verbo* implícito.

> 2 – Mas, as barbaridades que esse delegado fez e aconteceu, o senhor não tem calo em coração para poder me escutar. *p. 17*

Ainda que seja pouco comum na norma do português urbano brasileiro, o *me* pode ser analisado como primeiro *acusativo*, isto é, objeto direto de *escutar*, que tem aqui dupla regência direta – uma herança do latim. Por outro lado, o *me* pode também ser analisado como *genitivo* (de mim). Em qualquer dos casos, *as barbaridades que esse delegado fez e aconteceu* tem a clara função de *casus pendens* (ou *topicalização*), com o pronome implícito *estas* na função de segundo objeto direto repetido: ... *(estas) o senhor não tem...*

> 3 – Vai vir um tempo, em que não se usa mais matar gente... Eu, já estou velho. *p. 20*

Esta é, sem dúvida, uma virgulação nada usual mas que na teoria das unidades sintático-semânticas pode ser enquadrada como *casus pendens*, caracterizando uma figura de estilo chamada *ênfase*, obtida pela *repetição* de um termo da frase, da oração ou do período. Assim, tanto *um tempo* quanto *Eu* são sujeitos implicitamente repetidos:

> Vai vir um tempo, (um tempo) em que não se usa mais matar gente... Eu, (eu) já estou velho.

Observe-se que, se os sujeitos forem explicitados na duplicação, as duas vírgulas podem ser substituídas tranquilamente pelo ponto.

> 4 – Moço!: Deus é paciência. O contrário, é o diabo. *p. 16*

Este é um caso semelhante ao anterior. Contudo, sintático-semanticamente é mais difícil aceitar *O contrário* como *casus pendens*, o que fica evidente ao se perceber que, ao inverso do exemplo anterior, não parece viável substituir a vírgula pelo ponto. Esta é, portanto, uma situação que não encontra explicação, sob nenhuma hipótese, no âmbito da teoria das unidades sintático-semânticas.

> 5 – E, outra coisa: o diabo, é às brutas; mas Deus é traiçoeiro – dá gosto! A força dele, quando quer – moço! – me dá o medo pavor! *p. 21*

Mais um exemplo clássico do uso pródigo da pontuação por parte de Guimarães Rosa. Mesmo aceitando que os dois pontos podem ser substituídos por uma vírgula, o que é razoável, e que depois do travessão que segue a *moço!* foi esquecida a vírgula que intercalaria a oração subordinada temporal *quando quer*, o que é discutível, existe aqui um problema não enquadrável na teoria das unidades sintático-semânticas: a vírgula que separa *o diabo* de *é às brutas*. Ela separa o sujeito do predicado e não há nada que possa justificá-la, mesmo porque *o diabo* tem sua função de sujeito explicitada e reforçada por *Deus*, que cristalinamente constitui um paralelismo de contraposição.

E então? Então nada a dizer. Esta é uma vírgula absurda, aberrante, que não encontra qualquer justificação lógica ou teórica. E a prova é que nada – absolutamente nada! – mudaria se ela fosse eliminada, como o torna evidente a estrutura paralela que, em contraposição, a segue:

> Deus é traiçoeiro...

Não há solução: ou é um erro ou uma idiossincrasia do autor, que, neste caso, talvez só por ele pudesse ser explicada. Como, porém, há muito ele já não vive, nada há a fazer.

> 6 – Mas, o senhor sério tenciona devassar este mar de território, para sortimento de conferir o que existe? *p. 23*

Considerando que a conjunção adversativa *Mas* tem aqui função apenas expletiva ligada à interrogação, a vírgula que a segue não pode ser considerada absurda ou aberrante, ao contrário do que ocorreria num período como

> O banqueiro roubou mas(,) foi finalmente preso,

onde a função adversativa é clara e incontestável. Evidentemente, alguém pode afirmar que esta é uma explicação forçada. No entanto, é necessário, pelo menos, reconhecer que este é um caso muito diferente daqueles das vírgulas analisadas em 4 e 5, as quais realmente não encontram qualquer explicação no âmbito da teoria das unidades sintático-semânticas.

Discutindo com Carlos Drummond de Andrade...

A edição do dia 20 de maio de 1978 do "Caderno de Sábado", lendário suplemento literário do antigo *Correio do Povo*, homenageou Guilhermino César, que cinco dias antes completara

70 anos de idade. E na p. 3 trazia/traz estampada uma memorável crônica-poema de Carlos Drummond de Andrade intitulada "A volta de Guilhermino", que certamente deve ser colocada entre o que produziu de melhor em sua última fase. Fase à qual, aliás, a ignorância da Academia e o *lobby* idem comuno-esquerdoide têm dado um valor que ela não tem, em detrimento do *grande Drummond* anterior, um lírico clássico e, *ça va sans dire*, "não-engajado[48]"... Mas isto não vem aqui ao caso. O que importa é a pontuação.

A crônica-poema de Drummond está dividida gráfico-espacialmente em cinco parágrafos/segmentos. Em quatro deles (1, 2, 3 e 5) a pontuação é clássica, lógica, rigorosa, correta ou como se quiser denominá-la. Os problemas se encontram no parágrafo/segmento 4, que vai abaixo fac-similado, isto é, fotografado da p. 3 do "Caderno de Sábado":

Reflorescemos todos. O tempo, acidente.
Outro, mudanças. Guilhermino
acaba de chegar de Cataguases,
estudante de medicina e ritmo,
nosso mais moço companheiro para sempre.
Nunca sairá daqui, não sairemos.
Ninguém fará de nós os setuagenários que somos,
dispersos, divididos no mapa das circunstâncias.
Este, o nosso eterno, etéreo território.
Aqui assistimos, somos. O resto, aparência.

Este mesmo escrito, aparência,
não a realidade que ele invoca.
No único país real encontramo-nos em Guilhermino,
o que, menino, pediu ao pai uma bicicleta
e o velho deu-lhe as poesias de Bilac.

---

[48] O tão celebrado *Rosa do povo*, por exemplo, é de um populismo patético, deprimente e deslocado. Nesta obra, só o brilho da forma e o pesado hermetismo salvam o poeta de cair na vulgaridade edificante do famigerado *realismo socialista*.

O que se pode afirmar sobre os problemas de pontuação presentes no texto? Várias coisas:

1 – Como no caso de João Guimarães Rosa e dos exemplos tirados de *Grande sertão: veredas* e acima analisados, é necessário partir de uma pergunta: Carlos Drummond de Andrade é de fato responsável por esta pontuação? É impossível responder a ela, pois o poeta é falecido e não temos o original em mãos. Segundo foi dito acima, editoração é uma área complicada. Tanto isto é verdade que na p. 4 do mesmo "Caderno de Sábado", isto é, no próprio verso da crônica-poema de Drummond, está um breve artigo meu com pelo menos dois crassos erros de pontuação. E não fui eu que os coloquei lá!

2 – Isto posto, a única solução é discutir os problemas presentes no parágrafo/segmento de Drummond abstraindo a autoria, já que é impossível saber se a pontuação foi efetivamente por ele determinada.

3 – Isolando do parágrafo/segmento as frases/versos que, do ponto de vista da teoria das unidades sintático-semânticas, apresentam problemas de pontuação, temos:

        a – O tempo(,) acidente.
        b – Outro(,) mudanças.
        c – Este(,) o nosso eterno, etéreo território.
        d – O resto(,) aparência.
        e – Este mesmo escrito(,) aparência.

4 – Curiosamente, quando, há poucos meses, reli, quase trinta anos depois, a crônica-poema de Drummond, eu já havia redigido os caps. IX, X e XI desta edição. Neles são discutidos amplamente os mesmos problemas de pontuação presentes nestas frases/versos do poeta mineiro. Resumidamente, o que ali se diz é que do ponto de vista da teoria das unidades sintático-semânticas e quando presentes em um texto-padrão narrativo/descritivo/científico as cinco

vírgulas sinalizadas por parênteses são absurdas ou aberrantes, devendo ser eliminadas. Também não há, nesta crônica-poema, a possibilidade de usar o argumento estilístico da *ênfase*[49].

Observe-se que em todas as cinco frases está implícito, ou subentendido, o verbo *ser* – *é* em *a, c, d* e *e são* em *b* – e que, nos cinco casos, a eliminação da vírgula não forneceria argumentos aos que, erradamente, acreditam que a mesma possa resolver problemas, reais ou falsos, de semântica ambígua e/ou de má redação.[50] A semântica drummondiana é aqui cristalina e, de acordo com a teoria das unidades sintático semânticas, o seria ainda mais – se isto fosse possível! – com a eliminação da vírgula.

5 – E então? Então se deve dizer o mesmo dito sobre os casos 4 e 5 extraídos de *Grande sertão: veredas*: se as vírgulas não são originais de Drummond, a resposta já foi dada; se elas são originalmente dele, elas, do ponto de vista da teoria das unidades sintático-semânticas, continuam absurdas ou aberrantes e devem ser consideradas como uma idiossincrasia que o autor já não pode justificar e que talvez nem estivesse interessado em fazê-lo.

6 – Se ele, porém, defendendo-as como originais suas, decidisse justificá-las sintaticamente, possivelmente argumentaria que elas estão corretas porque podem ser substituídas pelo sinal de dois pontos, que tem a função de anteceder listas e – este é o caso na crônica-poema – segmentos explicativos em um período ou em uma frase. Esta seria uma defesa perfeitamente válida. Mas atenção: ela não seria válida para os exemplos 4 e 5 extraídos de *Grande sertão: veredas* acima nem para o caso de Manuel Bandeira logo abaixo. Por quê? Porque os três estão em construções sintáticas de natureza diversa daquela dos cinco exemplos extraídos de "A volta de Guilhermino". Por outro lado, esta presumida

---

[49] V. cap. X.
[50] Em casos como *Médicas atendiam partos e médicos acidentados* e similares. V. cap. XI.

e arguta defesa de Drummond não altera em nada o fato de que um texto narrativo, descritivo, científico ou jornalístico não suporta "invenções" (v. abaixo).

Discutindo com Manuel Bandeira...

Esta obra não foi planejada para discutir a pontuação em obras de ícones da literatura brasileira do século XX. Mas também não o foi para ignorar ou fugir dos problemas porventura nelas existentes. Para encerrar, segue abaixo outro breve texto, este de Manuel Bandeira, que em algum lugar[51] de sua obra escreveu:

> Querem outros muito dinheiro;
> outros, muito amor;
> outros, mais precavidos,
> querem inteiro sucesso,
> paz, dias iguais.

O leitor que chegou até aqui e entendeu a teoria das unidades sintático-semânticas deve ter percebido imediatamente onde está o problema. Está em

> outros(,) muito amor;

Mais uma vez: e então? Então o que se pode dizer é:

1 – Em primeiro lugar, o problema identificado é aquele amplamente discutido no cap. XI;

2 – Em segundo lugar, do ponto de vista da teoria das unidades sintático-semânticas a vírgula entre *outros* e *muito* é tão indefensável quanto aquelas dos exemplos 4 e 5 de *Grande sertão: veredas*.

3 – Em terceiro lugar, aqui não teria valor o argumento presuntivo de Drummond porque o sinal de dois pontos romperia o paralelismo sintático explícito na primeira (com inversão) e na terceira frases e, obviamente, implícito na segunda.

---

[51] Infelizmente, não consegui localizar bibliograficamente este texto.

4 – Em quarto lugar, de acordo com o que será visto no cap. XI e é defendido aqui com o apoio de um argumento de natureza estilística, a vírgula em questão deve ser considerada absurda, ou aberrante, seja ela original do autor ou não. No resto, como nos casos de Guimarães Rosa e Drummond, há sempre o recurso ao argumento da idiossincrasia do autor. Este é um argumento frágil, particularmente neste caso. Mas, como não é possível consultar o autor nem seus originais, não há outro...

*   *   *

Para encerrar este capítulo, um conselho: jamais acredite ser um artista e jamais tente mudar as regras de um jogo que V. não conhece e que é muito mais complicado do que V. pensa! Uma das experiências mais impressionantes para quem conhece pintura é visitar o Museu de Barcelona e observar os quadros da *fase clássica* de Picasso, ali expostos: ele sabia tudo sobre pintura e dominava completamente todas as técnicas desta arte! Por isto ele pôde ser Picasso! Assim, não tente ser Fernando Pessoa, Mário Quintana, João Guimarães Rosa ou T. S. Elliot antes de dominar profundamente sua língua e de ter absoluto controle sobre seu estilo. Se V. o tentar sem ter tais condições, não tenha dúvida: não vai dar certo! E V. será apenas mais um entre os tantos da

> atravancada grei
> de pobres-diabos
> a catar coitados
> esforçados cacos
> de metro duro,
> senso nulo,
> menos rima
> e pior sintaxe[52]...

---

[52] Ars poetica pós-moderna", *in Lira pós-moderna.*

X

O *casus pendens*

Para compreender o que é *casus pendens* é conveniente e adequado recorrer ao latim.

O latim, como todas as línguas que fazem parte do chamado *grupo indo-europeu*, é uma *língua analítica*. Grosseiramente, línguas analíticas são aquelas em que os elementos da *oração*[53] são expressos por *unidades* (ou palavras) rigorosamente independentes entre si. Tome-se como exemplo a seguinte oração:

> Em 490 a.C. o rei espartano Leônidas, com 300 soldados, enfrentou os persas no desfiladeiro das Termópilas.

Ao longo de dois milênios e meio, desde a batalha das Termópilas, muitas línguas desapareceram e outras nasceram, gênios criaram com elas monumentos perenes da arte literária, gramáticos as estudaram e tentaram dissecá-las etc., mas, em qualquer das línguas indo-europeias em que for escrita, a oração/frase acima foi, é e será sempre – modismos passageiros e tolos à parte – analisada[54] mais ou menos da mesma forma: *alguém* praticou uma *ação em relação* (ou não) *a alguém*, em *determinadas condições* de espaço, tempo, modo etc. E assim

---

[53] *Oração* significa *declaração*, *afirmação*. Vem do latim *os, oris* (boca), substantivo neutro da terceira declinação.

[54] Ανάλυσϊς em grego significa *dissolução*.

1 – *Leônidas* é o *sujeito* (ou agente);
2 – *enfrentou* é a *ação* (ou predicado);
3 – *os persas* é alvo da ação (ou complemento);
4 – todas as demais *palavras* e/ou *conjuntos de palavras* são *adendos, complementos* ou como se quiser chamá-los.

Denomina-se *sintaxe*[55] nas línguas indo-europeias a maneira pela qual as palavras se juntam em uma oração e *função sintática* o papel que nesta cada uma daquelas desempenha. Assim, na oração/frase acima, a *função sintática* de *Leônidas* é *sujeito*, a de *enfrentou os persas* é *predicado* etc.

Pois bem: em línguas indo-europeias antigas – como o latim e o grego – e em algumas modernas – como o eslavo, o alemão e, salvo engano, o romeno – a morfologia[56] das palavras[57] indica, geralmente na(s) última(s) sílaba(s), a função que cada uma delas ocupa na oração. Em outros termos, o final de cada palavra[58] é escrito de uma forma se for sujeito, de outra se for objeto direto e assim por diante. A cada uma destas formas diferentes de escrever a(s) palavra(s) dá-se o nome de *caso*. Veja-se um exemplo bem simples do latim:

1 – Mater vidit filiam[59].
2 – Filia vidit matrem[60].

Em 1 *Mater* está na *função sujeito* e, portanto, no *caso nominativo*. Em 2 *matrem* está na *função objeto direto* e, portanto no *caso acusativo*. O inverso ocorre com *filiam* e *Filia*.

Mas qual, afinal, a relação deste fenômeno com a pontuação? Vejamos.

---

[55] Que em grego significa *alinhamento, ordenamento, posição.*
[56] Isto é, a forma delas.
[57] Basicamente os substantivos, os adjetivos e os pronomes.
[58] O conjunto destes finais, ou *casos*, se chama *declinação.*
[59] A mãe viu a filha.
[60] A filha viu a mãe.

Na frase

Este homem, eu não sabia que ele roubava livros

há duas orações, facilmente identificáveis pela existência de dois verbos (*sabia* e *roubava*) e por seus respectivos sujeitos e objetos diretos. Mas qual a função sintática de *Este homem*? A que oração pertencem estas duas palavras? Ou – aí está! – que *caso* receberão se a frase for traduzida para o latim?

A resposta é simples: tendo em vista que estas duas palavras não possuem uma função sintática definida em qualquer das duas orações da frase de que fazem parte, fica também indefinido o caso em que se enquadram. A este fenômeno os antigos gramáticos denominavam *casus pendens*, isto é, *caso pendente*, solto, indefinido.

Seguindo a teoria das unidades sintático-semânticas, a regra geral é simples: considerado o *casus pendens* como uma unidade sintático-semântica isolada e, poder-se-ia dizer, incompleta, ele

1 – será seguido de vírgula quando estiver no início da oração;

2 – será precedido de vírgula quando estiver no fim da oração; e

3 – ficará entre vírgulas quando estiver no meio da oração. Exemplos:

1 – Os outros livros, distribua-os entre os professores.
2 – E eles acreditavam nele, esses idiotas!
3 – Elas necessitam, as empresas, de mão de obra qualificada.

Os três exemplos acima são claros, pois em todos eles o chamado *casus pendens* integra uma frase com uma única oração e a função sintática que ele poderia desempenhar já está ocupada: em 1 pelo objeto direto *os*, em 2 pelo sujeito *eles* e em 3 pelo sujeito *elas*.

Contudo, nem sempre a situação é tão simples, pois o estudo de uma língua, em qualquer de seus ramos, nunca foi, não é e jamais será uma ciência exata[61] e o inesperado, a incerteza, a fluidez, a aporia e o inexplicável são da natureza do fenômeno *linguagem/língua*.

Assim, se no exemplo 3 for eliminado o pronome *Elas*, deixando a oração sem sujeito explícito, poder-se-ia considerar *as empresas* como sendo o sujeito? Se a resposta for positiva, há uma simples inversão de ordem e, sendo *as empresas* sujeito, ambas as vírgulas devem ser eliminadas. Ou a eliminação de *Elas* em nada modifica a situação do *casus pendens* porque o sujeito continua o mesmo (*Elas*), tendo apenas alterado sua situação de explícito para implícito (ou subentendido)? Alguns poderiam argumentar que a posposição do sujeito não é normal em português, a não ser no caso de interrogação, negação etc. Outros diriam que nem sempre é assim, pois frases como

A mãe ela só viu uma vez

e

O pai ela nem chegou a conhecer

são usuais e *A mãe* e *O pai* não se caracterizam como *casus pendens* – e portanto não são seguidos de vírgula.[62]

A discussão poderia alongar-se indefinidamente, perdendo-se na bizantinice e no casuísmo. Jornalistas inteligentes e professores competentes não têm tempo a perder: melhor é alterar, modificar, reconstruir a oração, a frase, o período sempre que surgir a dúvida, a incerteza e a insegurança. Língua – como já foi dito – não é ciência exata e exatamente por isto oferece sempre inúmeras alternativas. Para quê complicar?

---

[61] Na segunda metade do século XX algumas teorias linguísticas, ligadas à ciência da computação e à criptografia, se desenvolveram tendo tal pressuposto como fundamento implícito. Fracassaram, obviamente, como teorias gerais. E não era preciso ser linguista para antever o que aconteceu. V. *Linguagem, poder e ensino da língua*, "Introdução".

[62] A não ser que a função *objeto direto* já esteja preenchida, se a redação fosse outra: A mãe, ela só a viu uma vez // O pai, ela nem chegou a conhecê-lo.

Outra ocorrência clássica de *casus pendens* – e de seus problemas – é o das chamadas *orações substantivas*, seja na função *sujeito*, seja na função *objeto*. Eis alguns exemplos:

> 1 – Que o secretário fora condenado por
> *estelionato* era do conhecimento de todos.
> 2 – Quem quiser comer gordura aos *montes*
> que coma!
> 3 – Querer o meu *emprego* é natural em
> política. Mas que me *desqualifiquem* eu não
> posso aceitar.
> 4 – Que a social-democracia seja a única
> *saída* ninguém duvida. Que ela seja viável a
> curto *prazo* muitos não acreditam.

Sem entrar em análises sintáticas complicadas e desnecessárias, está correto não utilizar qualquer vírgula, em qualquer dos seis casos. E está errado usar vírgulas depois das palavras grifadas? Pela teoria das unidades sintático-semânticas, obviamente que sim, pois é ilógico separar o sujeito de seu predicado e o predicado de seu complemento.

Mas então por que nestas e em similares situações tantos usam a vírgula? Possivelmente por dois motivos, isoladamente ou em conjunto: em primeiro lugar porque, influenciados pela realização/performance oral da língua, seguem a estapafúrdia teoria segundo a qual "vírgula é pausa para respirar"; em segundo lugar porque tendem a transformar a oração substantiva em *casus pendens* e, consequentemente, a considerar como implícito/subentendido o sujeito ou o complemento da oração que a segue. Assim:

> 1 – Que o secretário fora condenado por
> estelionato, *isto* era do conhecimento de todos.
> 2 – Quem quiser comer gordura aos montes,
> *ele* que coma.
> 3 – Querer meu emprego, *isto* é normal em
> política. Mas que me desqualifiquem, *isto* eu
> não posso aceitar.
> 4 – Que a social-democracia seja a única
> saída, *disto* ninguém duvida. Que ela seja viável a curto prazo,
> *nisto* muitos não acreditam.

E então? Sempre lembrando que língua não é ciência exata, o correto é não usar vírgula quando não estiver explícito o sujeito da oração subsequente ao *casus pendens*. Ou, então, seguir a lição de Mário Quintana – explicitar o sujeito – em seu famoso poema:

Todos estes que aí estão
Atravancando meu caminho,
Eles passarão...
Eu passarinho!

Mário Quintana sabia usar a vírgula porque conhecia a fundo a Língua Portuguesa e porque sabia o que queria dizer. Por isto ele sabia também que a pontuação é *função* (ou dependente) da semântica e da sintaxe. Em outras palavras: só sabe pontuar seu texto quem antes sabe perfeitamente o que quer dizer.

XI
Um enigma recente

A história da pontuação – de sua função, de sua evolução e de seus teóricos – em Portugal e no Brasil depois da invenção da imprensa é um tema que está à espera de um pesquisador talentoso disposto a utilizar de maneira útil e interessante seu tempo e sua bolsa em algum curso de pós-graduação nas áreas de Língua Portuguesa/Linguística.

Entre os muitos enigmas – solúveis ou insolúveis – com que este hipotético pesquisador se defrontará está seguramente um tipo específico de virgulação irracional que se tornou moda no Brasil a partir das décadas de 1970/1980. Para iniciar e embasar de forma prática a discussão, abaixo são apresentados vinte exemplos do caso, sendo que os dez primeiros – segundo a teoria das unidades sintático-semânticas seguida neste manual – estão corretos e os outros dez errados.

Exemplos corretos

1 – Os políticos querem poder. Os intelectuais sinecuras. Os ricos honrarias. Os artistas elogios. O triste consolo. O faminto comida. O sábio nada.

2 – O pai era um artista de poucos recursos e a mãe uma esforçada costureira.

3 – A massa estava péssima. A carne
simplesmente horrível.

4 – Ele era um idiota. Ela uma demente.

5 – Ambos eram competentes. Um mais, outro menos.

6 – Eu vi Paulo e Pedro a mãe.

7 – A coerência é um valor ético fundamental da política. A demagogia um atraso total.

8 – As águas e a terra estão contaminadas e os animais mortos.

9 – Quem ama perdoa. Quem odeia não.

10 – Meu irmão foi o primeiro da turma. Meu primo o quinto.

Exemplos errados

11 – Crise grave tem cura, estupidez, não.

12 – O filme é ótimo. O cinema, nem tanto.

13 – É um erro acreditar que o macaco é um animal e o homem, não.

14 – Agora o corpo foi cremado. O chalé, limpo e as provas, perdidas.

15 – Seis prédios foram destruídos e três, danificados.

16 – Quando ele nasceu a mãe tinha catorze anos e o pai, nem quinze.

17 – O programa será desativado paulatinamente e os recursos, transferidos.

18 – Provas adicionais foram obtidas. E a polícia, alertada.

19 – Ele estava nu e seu corpo, emplastado de areia.

20 – É aconselhável que os bons alunos sejam premiados e os rebeldes, expulsos.

Sem entrar em detalhes técnicos, aqui desnecessários, basta observar que nos vinte exemplos referidos as orações/frases seguem um padrão, como em:

O homem sábio aprecia conselhos,
o tolo elogios.[63]

Este padrão é o de duas, ou mais, orações/frases em sequência, tendo ambas, ou todas, o mesmo predicado (verbo) e estando este explícito na primeira e implícito (ou subentendido) na segunda, ou nas demais.

---

[63] Ou separando as orações/frases: O homem sábio aprecia conselhos. O tolo elogios.

Em época recente, no Brasil, pelo menos em jornais e revistas, tornou-se corrente colocar vírgula depois do sujeito da segunda oração – e nas demais, quando é o caso –, segundo mostram os exemplos 11 a 20. Eis mais alguns, todos errados:

> Eu não gosto de demagogos. Ele, sim.
> Os governistas trabalharam por dentro. E a oposição, por fora.
> Cícero foi assassinado e Júlio César, também.
> Platão escreveu livros. Sócrates, não.
> A situação fez 131 votos e a oposição, apenas 32.

Como dever ser analisada esta questão? Há uma solução?

Sim, há uma solução e a questão deve ser analisada pelo menos a partir de três ângulos:

1 – Em todos os exemplos apresentados neste capítulo a colocação de uma vírgula depois do sujeito da(s) oração(ões)/frase(s) com verbo implícito é[64] *um erro*. E a razão é simples: o sujeito e o predicado (verbo) de uma oração formam uma unidade sintático-semântica por origem[65] e, portanto, indivisível por natureza. O fato de o verbo estar implícito na(s) oração(ões) subsequente(s) à primeira em nada altera a situação. Em tais casos, portanto, a vírgula é e será sempre uma excrescência óbvia, um erro primário.

2 – Este erro é resultado, possivelmente, da já referida e equivocada confusão entre *realização oral* e *realização escrita* da língua e da decorrente afirmação, feita por gramáticos de poucas luzes, de que a vírgula indica "uma pausa natural", "uma pausa para respirar" e tolices semelhantes.

Colateralmente, o mencionado erro de virgulação pode também ser resultado da influência de casos específicos em que a *realização escrita* da língua enfrenta aporias semânticas insolúveis a

---

[64] Ou *seria*, nos exemplos de 1 a 10, já que estes estão corretamente pontuados.
[65] V. cap. IV.

não ser via explicitação do verbo ou via alteração/modificação da estrutura da oração/frase,[66] como nos seguintes exemplos:

> Os melhores alunos lêem livros. E os piores jornais.
> Cristãos criticam animistas e judeus politeístas.
> Quem come só engorda.

3 – O que foi estabelecido em 1 tem por base o fato de que sujeito e predicado (verbo) formam uma *unidade sintático-semântica por origem*. Outra, bem diversa, é a situação quando a unidade sintático-semântica o é apenas por aglutinação ou quando houver uma intercalação:

* – Nos exemplos

> 3a – Em primeiro lugar saiu Pedro.
> 3b – Em segundo lugar saiu Paulo.

as orações/frases são formadas, cada qual, por uma única unidade sintático-semântica. Contudo, ambas o são por aglutinação e não por origem, pois a locução adverbial de tempo (*Em primeiro lugar/Em segundo lugar*) pode ser isolada, resultando disto que ambas as orações/frases passem a ser formadas, cada qual, por duas unidades sintático-semânticas por origem, o que é indicado pela virgulação:

> 3c – Em primeiro lugar, saiu Pedro.
> 3d – Em segundo lugar, saiu Paulo.

E o que ocorre quando o verbo da segunda oração/frase fica implícito? Depende. Seguindo rigorosamente a regra, no exemplo 3b não haverá vírgula, pois ambas as orações/frases são formadas, cada qual, por uma única unidade sintático-semântica (por aglutinação):

> 3e – Em primeiro lugar saiu Pedro.
> 3f – Em segundo lugar Paulo.

---

[66] Ou, em muitos casos, até mesmo reformulação completa do período. V. adiante, cap. XIII.

Inversamente, no exemplo 3d haverá vírgula, pois ambas as orações/frases são formadas, cada qual, por duas unidades sintático-semânticas (por origem):

3g – Em primeiro lugar, saiu Pedro.
3h – Em segundo lugar, Paulo.

Mas, dirá alguém atento, tanto faz colocar vírgula ou não, tanto em 3f quanto em 3h, pois, já que em ambos os casos a unidade sintático-semântica o é por aglutinação e não por origem, não haverá separação entre sujeito e verbo, não havendo, portanto, erro.

Considerados os pressupostos lógicos que embasam este manual, é verdade: não há erro. E, sendo assim, o uso de vírgula em 3f e 3h – e em casos similares – deixa o campo da sinalização gráfica para adentrar, pelo menos marginalmente, o da Estilística. Nesta disciplina[67] há uma figura denominada *paralelismo*, que pode ser definida como *o uso, em sequência, de determinada estrutura* (sintática, no caso).

Como a análise desta questão – e das figuras ligadas ao paralelismo, como *oposição*, *quiasma* etc. – foge ao âmbito desta obra, o que se pode dizer é o seguinte: também em pontuação é aconselhável, por uma questão de clareza e coerência, manter o paralelismo. Isto é, se em 3a há apenas uma unidade sintático-semântica, não há por que dividi-la em duas em 3f. Inversamente, sem em 3d há duas unidades sintático-semânticas, não há por que aglutiná-las em uma em 3h.

• – Quando há uma ou mais intercalações na(s) oração(ões) com verbo implícito, pode-se dizer, sucinta e simplesmente, que em tais casos devem ser seguidas as regras[68] que regem a questão. Como nos exemplos abaixo:

O marido falava aos berros. A mulher, porém, não.

---

[67] Que ensina a utilizar todos os recursos da língua para dizer da maneira mais clara, elegante e precisa o que se pretende dizer. Antigamente, isto era ensinado nas escolas (no primário, no ginásio etc.). Hoje nem os alunos e professores das Faculdades de Letras e Jornalismo sabem o que é *Estilística*.

[68] V. cap. V.

O jornalista buscava informações sobre o crime. O detetive, ainda que fosse sua obrigação, pois era pago pelo cliente, não.

E assim por diante.

XII

A semântica é a rainha

A pontuação – ou, mais abrangentemente, a sinalização gráfica – nasceu depois da escrita, como um elemento auxiliar desta. Pois se a escrita é, por definição, a fixação da língua sobre um suporte material através do qual se pereniza o que é falado/dito, a sinalização gráfica é uma ferramenta ancilar na tarefa de atingir aquele que é o objetivo primordial da escrita: reproduzir, com a maior precisão possível, o sentido daquilo que foi falado/dito ou daquilo que se quer dizer. Portanto, como já foi antes tantas vezes lembrado, a pontuação – ou sinalização gráfica – não define nem altera o sentido de uma oração, de uma frase, de um período ou de um texto. Ela, pelo contrário, é um instrumento que serve para indicar, com a maior precisão possível, o exato sentido da oração, da frase, do período e do texto na mente de quem falou/disse ou está escrevendo.

Em resumo – e espero que esta verdade tenha ficado suficientemente clara ao longo dos capítulos anteriores –, a pontuação, ou sinalização gráfica, é por definição instrumento da semântica do texto, isto é, da língua perenizada através de sua fixação sobre um suporte material.[69]

---

[69] Ou eletrônico/virtual hoje.

Contudo, não integrando as denominadas *ciências exatas*, as áreas do conhecimento que tratam dos fenômenos da linguagem e da língua são marcadas pela imprecisão, pela ambiguidade, pela imprevisibilidade, pela incerteza etc. Estas características são inerentes a elas. E assim continuará sendo enquanto a natureza humana for a mesma. Como, aliás, o provam certas correntes da linguística moderna, particularmente de origem norte-americana, que pretenderam enquadrar os fundamentos da linguagem e da língua no brete das ciências exatas. Elas colheram apenas o fracasso teórico e o desastre prático.

A pontuação integra, ainda que secundariamente, estas áreas do conhecimento humano em que o controle completo e a precisão absoluta são uma quimera, um objetivo inatingível. Por isto aqui fica um último conselho:

> Em pontuação, siga as regras básicas. Elas existem. Mas não esqueça: a pontuação está a serviço da semântica, isto é, a serviço do seu texto. Portanto, não brigue com a pontuação. E muito menos com o seu texto. Faça o que todos os grandes mestres da língua, os grandes artistas da palavra e os grandes jornalistas fizeram, fazem e farão sempre: mude, inverta acrescente, corte, altere, desmonte, refaça! E se for preciso rasgue e comece tudo de novo. A língua oferece opções e soluções praticamente infinitas para V. dizer com precisão, clareza e elegância o que V. quer dizer. Encontre, pois, uma fórmula pela qual, respeitadas as regras básicas da pontuação, V. consiga expressar exatamente o que tem em mente. Não seja escravo da pontuação! Seja escravo da semântica! E assim a pontuação estará a serviço da semântica, como é da função dela. E V. terá ambas a seu serviço!

Porque a pontuação errada é, quase sempre, resultado da confusão mental – o autor não sabe *o que dizer* – e/ou da incompetência estilística – o autor não sabe *como dizer*.

XIII
Casos insolúveis

De acordo com o que foi levantado, analisado e aplicado desde os capítulos iniciais até aqui, *o princípio das unidades sintático-semânticas* surge como a única base sobre a qual é possível construir uma teoria da pontuação que tenha lógica interna e aplicabilidade prática.

No entanto, seria equivocado, como já foi dito anteriormente, aceitar esta teoria como uma panaceia e/ou fazer dela um dogma absoluto. É verdade, segundo foi comprovado ao longo dos capítulos anteriores, que ela possui solidez, organicidade e aplicabilidade, pois o pressuposto que a sustenta e estabelece seus fundamentos é a própria natureza da língua: uma convenção que tem por função a transmissão de informação, informação esta que, por definição, é necessariamente unívoca[70], isto é, o conteúdo é o mesmo para quem a emite e para quem a recebe. E colaborar para que isto realmente ocorra é a função – ancilar, é claro – dos sinais gráficos em qualquer língua a partir da invenção da escrita, que permite a perenização daquela através do uso de um suporte físico

---

[70] Tal posição não é realismo ingênuo. *É assim!* Quanto a fenômenos como ambiguidade, fluidez, polissemia, hermetismo etc., eles não inquinam esta afirmação. Pelo contrário, a reforçam, pois, como parte desta função primordial da língua, a ela estão referidos e dela são dependentes. O mesmo se pode afirmar de todas as chamadas *figuras* de linguagem, de estilo e de retórica. Mas este não é o lugar adequado para falar destes temas.

qualquer (pedra, madeira, metais, couro, papel etc.) ou, hoje, também virtual.

Mas línguas, também pela sua própria natureza, nunca são fenômenos ou realidades estáticas. Pelo contrário, são organismos vivos, complexos, imprevisíveis, incontroláveis e extremamente sensíveis às mudanças e às vicissitudes do grupo, como, aliás, já o percebera há cerca de três mil anos o criador do mito da Torre de Babel, no cap. 3 do Livro de Gênesis. Portanto, em todas as línguas haverá sempre zonas obscuras e fatos inexplicáveis, nos quais a lógica é difusa e as sombras predominam.

A pontuação, como parte integrante – ainda que secundária e periférica – do fenômeno da língua, não poderia ser imune a isto. Deixando a gramáticos apodíticos e a linguistas ociosos a tarefa de se digladiarem em intermináveis e estéreis discussões, são apresentadas abaixo, a título de exemplo e seguidas de breves comentários, algumas construções que são casos insolúveis nos quadros da *teoria das unidades sintático-semânticas*:

> 1 – O governo destinou as áreas menos adequadas às novas levas de imigrantes.

Caso clássico de redação confusa e semântica dúbia. Seria longo e exaustivo fazer a análise completa, sintático-semântica e estilística, deste período. Mas o fundamental aqui é perceber que ele, tal como está redigido, comporta dois sentidos:

a – O governo possuía áreas mais adequadas e menos adequadas (à agricultura, por exemplo). Ele escolheu as menos adequadas e as destinou às novas levas de imigrantes.

b – O governo possuía áreas que eram mais adequadas e menos adequadas às novas levas de imigrantes. Entre estas áreas, o governo destinou aos imigrantes aquelas que menos se adequavam a eles.

Em casos como este e outros assemelhados, qualquer alternativa de pontuação não resolverá o problema, pois ele é de semântica e, portanto, de redação. E quem redige períodos deste tipo não domina seu estilo, não sabe o que quer dizer ou não sabe como dizer o que pretende dizer.

2 – Tudo o que o presidente faz com intrigas(,) o ministro desfaz.

Caso quase idêntico ao anterior, com uma diferença: o articulista tentou solucionar o problema da duplicidade de sentido do período. Mas para tanto recorreu a uma vírgula errada, pois ela rompe a unidade sintático-semântica por origem formada pelo verbo (*desfaz*) e pelo objeto direto (*Tudo...*). Não há solução através do uso da pontuação. A única solução é alterar a redação e, assim, fazer com que o sentido do período fique perfeitamente claro.

3 – Ele viajou. Para fazer o que não interessa.

Mais um caso que não é problema de pontuação mas de redação e semântica. Há, porém, uma diferença: em uma das duas alternativas semânticas a alteração da pontuação resolve adequadamente os problemas. Vejamos.

Tais como estão redigidas e pontuadas, estas duas frases têm dois sentidos:

a – Ele viajou para fazer aquilo que
não interessa.
b – Ele viajou, mas o objetivo de sua
viajem não interessa.

No artigo do qual tais frases foram extraídas o sentido era o segundo e o autor, certamente consciente da dupla semântica, tentou resolver o problema colocando uma vírgula depois de *que*. Esta é uma falsa solução, como já foi dito várias vezes, por ligar-se à famosa e equivocada teoria da *pausa para respirar*. A única solução correta é alterar a redação da segunda frase.

Deve-se observar, no entanto, que, se a semântica for a alternativa *a*, a simples eliminação do ponto entre as duas frases pode ser considerada uma solução, não sendo necessária então a alteração da redação.

4 – Duas pousadas tiveram móveis roubados. Outras(,) diárias não pagas.

Neste exemplo a semântica é clara. Contudo, o autor da reportagem, incomodado pelo fato de que *Outras* poderia ser considerado qualificativo de *diárias* e não de *pousadas* e, possivelmente, também influenciado pela "teoria" da substituição do verbo implícito,[71] decidiu que *pausa para respirar* depois de *Outras* resolveria o problema. E aplicou a vírgula! É um erro crasso, obviamente.

Qual a solução? No quadro das "concepções teóricas" do autor, que optou pelo uso da vírgula, não há solução. Como, porém, tais "concepções teóricas" são equivocadas, há três soluções:

a – Simplesmente eliminar a vírgula e acreditar na capacidade de discernimento do leitor.

b – Repetir o verbo (*Outras* tiveram *diárias não pagas*), o que, aliás, é pouco usual no caso.[72]

c – Alterar a redação. Uma alternativa é *Outras tiveram prejuízos com diárias não pagas*. Ou simplesmente *Outras prejuízos com diárias não pagas*. Mas, por favor, nesta segunda opção não usar vírgula depois de *Outras*...

5 – Beber só(,) faz mal.

Este é um caso clássico em que não há solução, pois a frase aceita perfeitamente, sem qualquer óbice, dois sentidos. E a opção pela vírgula é um erro crasso, porque separa sujeito e predicado (verbo), que formam sempre uma unidade sintático-semântica por origem. O que fazer? Há quatro alternativas, dependendo da semântica:

a – Deixar como está, eliminando a vírgula e delegando ao contexto, e ao leitor, a função de determinar o sentido pretendido pelo autor.

b – Alterar a redação, substituindo *só* por *sozinho* e eliminando a vírgula.

---

[71] V. cap. XI.

[72] *Ter diárias não pagas* não é de uso-padrão, pelo menos no português do Brasil. *Registrar* é o termo usado correntemente.

c – Inverter os termos (Faz mal beber só).

d – Alterar a redação, substituindo *só* por *unicamente* e alterando também a ordem dos termos (Beber faz unicamente mal).

6 – Quem come só, engorda.

Caso *quase* idêntico ao anterior, já que a dupla semântica *não é perfeita*. O primeiro sentido é claro: Quem come sem companhia engorda (*só* qualifica *comer*). O segundo sentido não é tão óbvio: Quem come não faz mais do que engordar/Quem come apenas engorda (*só* qualifica *engordar*). Seja como for – e sem entrar em análises mais sofisticadas –, colocar vírgula depois de *só* é um erro, pois ela rompe a unidade sintático-semântica por origem formada por sujeito e predicado (verbo). O autor que deu este título ao seu artigo tinha em mente o primeiro sentido, percebeu o problema da dupla semântica, utilizou a vírgula como *pausa para respirar* e julgou ter resolvido a questão. Qual a solução? A mesma que no exemplo anterior, ainda que a terceira alternativa (a inversão) não seja aqui semanticamente tão perfeita.

Se alguém afirmar que o autor está certo ao utilizar a vírgula porque ele pode fazer com seu texto o que lhe der na telha, tudo bem. Há teorias para todos os gostos. O que aqui se afirma é, apenas, que, de acordo com a teoria das unidades sintático-semânticas, o uso da vírgula neste caso é um erro. Isto faz com que, do ponto de vista desta teoria, este seja um caso sem solução.

7 – Paulo substituiu o diretor e eu, o professor.

Quem assim virgulou esta frase provavelmente é adepto daquele equívoco analisado no cap. XI, isto é, o uso de vírgula para indicar, supostamente, uma pausa. Mas ao fazer isto não apenas cometeu o erro em questão, que poderia ser corrigido pela simples eliminação da vírgula, como também caiu em uma armadilha. Por quê? Porque com a vírgula *o professor* passa a ser aposto de *eu* e a frase fica com outro sentido:

Paulo substituiu tanto o diretor quanto eu, que sou o professor.

Portanto, este é um caso curiosíssimo, pois nele o erro – supondo que o autor pretendesse dizer que Paulo substituíra o diretor e ele, o autor, substituíra o professor – *cria* um caso sem solução, já que a vírgula está correta se o sentido da frase for outro.

Para casos como este e outros semelhantes vale sempre repetir, e aplicar, o insistente conselho: a pontuação é *função* – no sentido do termo em matemática –, da semântica, isto é, depende dela. Se ela, a pontuação, não servir para ajudar a explicitar o sentido do texto, então ela não serve para nada. Neste caso, não se deve brigar com a pontuação. Deve-se, isto sim, alterar, modificar ou simplesmente refazer a redação, de tal forma que a semântica do texto fique perfeitamente clara.

8 – Nem fumar ele fuma.

Este é um período com duas orações perfeitamente identificáveis e com uma semântica cristalina. Sua sintaxe, porém, é complexa e obscura. Deixando à parte o risco de tentar dissecá-la, a única certeza absoluta é que depois de *fumar* não pode ser colocada uma vírgula, ao contrário do que ocorre frequentemente neste caso e em casos similares. Resultado, como é recorrente, da confusão entre realização oral e realização escrita da língua, esta vírgula esdrúxula é justificada com o falso argumento da *entonação* – já que em período tão curto seu irmão gêmeo, o da *pausa para respirar*, não poderia ser utilizado...

Aliás, a falsidade deste argumento é fortemente ressaltada neste exemplo, pois a colocação de uma vírgula, ou de um ponto, depois de *fumar* compromete, destrói e até inverte a cristalina semântica da frase.

9 – Você não pode ser visto com um amigo que dizem que é gay.

Eis aí um período cuja análise sintática e semântica resultaria em um pequeno tratado. Mas pelo menos duas afirmações podem ser feitas com segurança:

a – Com esta redação o período é semanticamente ambíguo – ou polissêmico, como se diz atualmente – tendo, pelo menos, três sentidos.

b – A colocação de uma vírgula depois de *amigo* não resolve o problema da polissemia. Pelo contrário, agrava-o.

Desconsiderado o contexto – que pode, eventualmente definir a semântica –, o período, tal como se encontra, não permite solucionar o problema através da pontuação. Sob o ângulo da teoria das unidades sintático-semânticas é um caso insolúvel, porque há necessidade de alterar a redação.

> 10 – Os projetos que valem R$ 100,00(,) no outro ano recebem R$ 200,00.

A vírgula está errada porque separa o sujeito *Os projetos...* do verbo/predicado *recebem...* É um clássico caso insolúvel, que aqui, como em muitos outros casos similares, é resultante da presença de advérbios/locuções adverbiais que podem estar referidos tanto ao termo que os antecede, na oração, quanto ao que os sucede. A consequência é a ambiguidade semântica – ou polissemia. Num período simples como este até é possível dizer que a vírgula depois de *R$ 100,00*, apesar de errada, resolve o problema da ambiguidade. Mas via de regra, em tais casos, não é o que ocorre, não havendo então pontuação ou ausência de pontuação que solucione a questão. E é lógico que assim seja: afinal, a pontuação é apenas um instrumento *auxiliar* da sintaxe e da semântica e sua função não é resolver problemas de redação inadequada ou confusa.

> 11 – Não é uma situação desesperadora, mas que está complicado está.

Este é um caso interessante. E por vários motivos.

Em primeiro lugar porque manter a vírgula, eliminá-la ou substituí-la por ponto-e-vírgula ou por ponto não faz diferença sob o ângulo da teoria das unidades sintático-semânticas: nos três casos a pontuação está correta. Em segundo lugar porque, também nos três casos, a semântica é clara e incontroversa. Em terceiro lugar porque a sintaxe da oração – ou *das* orações, pois há dois verbos – adversativa é complexa. Dissecá-la implicaria uma longa análise, envolvendo, mais uma vez, questões como a do *casus pendens*, a da função dos expletivos etc. Seja como for, se for mantida esta redação do período não há argumentos para colocar uma segunda vírgula depois de *complicado*, como geralmente ocorre. Mas também não os há para afirmar que tal vírgula esteja errada. Sendo assim, do ponto de vista da teoria das unidades sintático-semânticas este pode ser considerado um caso insolúvel.

Muitos exemplos semelhantes de casos insolúveis podem ser encontrados em jornais, revistas e livros. Mas estes são suficientes. Porque o essencial, em casos como estes e outros similares, é seguir os princípios expostos acima, no cap. XII.

XIV
Uma última palavra

Creio que seria possível, a partir da sintaxe – cujo número de relações básicas é bem mais limitado do que parece à primeira vista – e da *teoria das unidades sintático-semânticas*, elaborar um manual de pontuação que abrangesse, se não o universo todo, pelo menos uma quantidade considerável de casos relativos à questão. Não era este o objetivo a que aqui me propus. De qualquer maneira, na prática é impossível fugir ao fato de que o melhor exemplo de pontuação deve, necessariamente, ser o de um texto sobre pontuação...

Esforcei-me ao máximo para que assim fosse e exerci um controle rigoroso sobre a editoração e a revisão. Mesmo assim não é de duvidar que tenham escapado algumas *gralhas*, entendidas estas como distorções em relação ao texto original. Texto que, por via das dúvidas e das críticas, está à disposição dos eventuais interessados.

Para terminar, correndo o risco de nausear o eventual leitor, é preciso repetir mais uma e pela última vez os três princípios fundamentais de qualquer abordagem correta da questão da pontuação:

1 – A pontuação *está referida à realização escrita da língua*, e só a ela, exclusivamente. Ou, para utilizar novamente uma expressão tomada emprestado à matemática, é *função* dela.

2 – A pontuação tem por objetivo único e exclusivo servir como elemento auxiliar – e bem rudimentar, aliás, se comparado com a versatilidade dos recursos da realização oral da língua – para iluminar a estrutura lógica da frase. O que quer dizer: para a *explicitação do sentido do texto*, que é a materialização da língua escrita.

3 – Ninguém ensina e ninguém aprende a pontuar assim como se ensina ou se aprende a manejar um instrumento ou uma máquina qualquer. O máximo que se pode fazer é ensinar – ou treinar – e aprender a usar de maneira adequada os sinais de pontuação com o objetivo de construir o texto escrito de forma tão rigorosa e precisa que não haja qualquer dessintonia entre o que o autor *pretende* dizer e o que o leitor *pode* e *deve* entender.

Isto, porém, só é possível para quem *antes* – ou paralelamente – tenha aprendido a pensar de forma organizada e sistemática. E também assim a expor seu pensamento.

SEGUNDA PARTE
Exercícios

I – Exemplos comentados
II – Testes

Esta secção, tanto nos exemplos comentados quanto nos testes, tem por objetivo fazer com que professores e alunos – e todos os interessados no tema – aprofundem a análise do fenômeno da pontuação e agucem sua percepção dos problemas nele envolvidos. Também aqui, mais uma vez e como tem sido insistentemente sublinhado desde o início e ao longo de toda esta obra, a pontuação não deve ser vista como um drama que faça sofrer nem suas regras como um dogma que crie problemas em vez de resolvê-los. A pontuação, é sempre necessário repetir, é uma ferramenta específica da escrita, ferramenta que, apesar de sua natureza ancilar, envolve a sintaxe, a semântica, a estilística e até a retórica. Por isto, compreender tecnicamente o fenômeno da pontuação, com suas grandes potencialidades e suas óbvias limitações, é essencial para todo profissional do texto em qualquer área em que atue, do poema ao ensaio, da advocacia ao jornalismo, da ficção à obra científica, do livro didático à redação de publicidade. E assim por diante.

Saber utilizar adequadamente os sinais de pontuação não é, portanto, uma área de conhecimento isolada. Porque pontuar com correção e com precisão é parte do ingente e diuturno esforço de todo autor em busca do *texto perfeito*, quando registrado em papel ou em qualquer outro suporte, inclusive o virtual (eletrônico). E o que é o *texto perfeito*? É aquele que não deixa qualquer clivagem entre o que o autor *quer dizer* e o que o leitor *pode* ou *deve entender*. Inclusive, e principalmente, quando o texto é intencionalmente ambíguo, dúplice ou, como se diz hoje, polissêmico. Mas aqui já estamos no campo da Estilística e da Retórica, disciplinas que infelizmente, como já foi dito, desapareceram completamente até dos cursos de Letras e Jornalismo, nos quais, aliás, não se ensinam mais nem mesmo análise sintática e redação.

Por isto não é de admirar que o censo nacional do IBGE de 2005 tenha registrado que cerca de 75% dos brasileiros entre 15 e 60 anos são analfabetos funcionais, isto é, sabem ler as palavras e as frases de um texto de jornal mas não sabem o que elas querem dizer. Assim, seria pretensão tola e irracional, neste quadro de calamidade e ignorância, pretender transformar regras de pontuação em panaceia e fazer do conhecimento delas uma solução. Porque o domínio destas regras não é mais do que parcela ínfima do domínio do vernáculo e parte complementar de uma educação qualificada.

I
Exemplos comentados

1. Uma coisa é viver, dia após dia, cada vez mais apreensiva e desconfiada, mas outra bem diferente(,) é de repente convencer-se...

Vírgula absurda por romper a indivisibilidade natural de uma unidade sintático-semântica por origem, no caso a formada por sujeito e predicado (verbo). Contudo, pode permanecer se houver, através de outra vírgula, a intercalação de *bem diferente*:

> ...mas outra, bem diferente, é de repente...

2. Ao parar no corredor, ouviu as vozes que vinham do escritório particular de Paulo(,) cujas portas estavam abertas.

Vírgula absolutamente necessária, a não ser que Paulo tenha dois ou mais escritórios particulares. *Cujas* é o genitivo do pronome relativo *que* (*do qual as*) e este pode ser restritivo ou explicativo.

3. Ele não tinha a menor ideia do que significava tal atitude política e mesmo que estivesse presente(,) não poderia apoiá-la.

Vírgula absurda, como em 1, a não ser que se intercale *mesmo que estivesse presente* via uso de mais uma vírgula depois do conectivo *e*.

4. Basta ler duas frases para sentir-se elite. Três(,) para imaginar-se um revolucionário.

Erro de virgulação muito comum. V. discussão da questão no cap. XI.

5. Ele levou ao continente(,) não apenas duas, mas três guerras.

Vírgula absurda por romper a indivisibilidade natural de uma unidade sintático-semântica por origem formada por verbo e complemento. Tal como se encontra – e esquecendo a possibilidade de intercalar *ao continente* –, esta frase só pode suportar a presença de *uma* vírgula. Há também a alternativa de não colocar nenhuma. Jamais, porém, a de colocar duas – sempre supondo a inexistência da intercalação referida.

6. Quem estivesse fora do conflito(,) estava fora da História.

Em princípio, é uma vírgula absurda, por motivo semelhante ao aduzido no caso anterior. Contudo, suposta a ênfase, alguns a consideram admissível, pois a segunda unidade sintático-semântica adquiriria neste caso um sujeito, implícito ou subentendido, que poderia ser *este, aquele* etc. Possivelmente eles não têm razão (v. cap. X, que trata do *casus pendens*).

7. Detalhes que pareciam tão importantes(,) foram apagados de minha memória.

Vírgula absurda por romper a indivisibilidade natural da unidade sintático-semântica por origem composta por sujeito e predicado (verbo), como no caso anterior. Note-se que se se intercalar *que pareciam tão importantes* a estrutura lógica da frase – o sentido – será outra. Logo, a informação contida também.

8. Fui embora(,) tão logo ele começou a falar.

Esta vírgula é admissível ou não, dependendo da estrutura lógica da frase, quer dizer, do sentido ou da informação que se pretenda transmitir. É preciso certa sutileza para perceber mas não há dúvida de que esta informação é diferente se a frase for considerada como tendo uma *ou* duas unidades sintático-semânticas.

9. O professor é tão ignorante(,) que deve ser considerado hábil ao buscar a benevolência dos alunos.

Vírgula claramente absurda, pois *tão... que*, inegavelmente, é uma locução que integra, obrigatoriamente, a mesma unidade sintático-semântica.

10. Tanto cantou(,) quanto falou.

Apesar de possíveis objeções em contrário, o mais razoável, ao que parece, é considerar a vírgula como absurda por romper a indivisibilidade natural de uma unidade sintático-semântica representada por *tanto... quanto*. No mesmo caso estão *tanto... como*, *tão... como* e *tão... que*.

11. Não só falou mal do governo(,) como também fez rasgados elogios ao seu próprio partido.

Ao contrário do exemplo anterior, neste é claramente possível considerar a frase como formada por duas unidades sintático-semânticas. Logo, a vírgula estaria entre as consideradas *opcionais*. Observe-se, porém, que esta opção quase sempre, ou sempre, corresponde a uma alteração, mesmo que sutil, da estrutura lógica da frase. É interessante notar também que, feita a opção por duas unidades sintático-semânticas, a vírgula pode ser substituída por um ponto.

12. Seu filho fita(,) não o tempo pretérito(,) mas a sua sombra na memória.

Mesmo caso de 5, apenas que, aqui, sem o complicante da *possível* intercalação. Portanto, a primeira vírgula é claramente absurda. Ou permanece apenas a segunda ou eliminam-se as duas. Não há alternativa.

13. Prestava tanta atenção às moças(,) que não ouviu o professor chamá-lo.

Como em 9, a vírgula é absurda.

14. Só não tornou-se deputado(,) porque o partido não o apoiou.

Caso clássico de base sintática polivalente. A vírgula justifica-se ou não em função da estrutura lógica da frase. Isto é, como já foi visto várias vezes, do sentido dela.

15. Porque ao mesmo tempo que procurava negar(,) dizia que ela não o entendia.

Vírgula absurda, à maneira de todas as que seguem uma unidade sintático-semântica intercalável e não são antecedidas da sua correspondente – que aqui, obviamente, estaria entre *Porque* e *ao*.

16. Isto não é culpa do governador(,) mas sim dos professores em greve.

Vírgula opcional, como em 11. Pode também ser substituída por ponto-e-vírgula ou por ponto.

17. a – O professor(,) ou os alunos(,) serão responsabilizados pelo fato.

b – Os professores(,) ou os alunos(,) serão responsabilizados pelo fato.

Este é um exemplo interessante para colocar à prova a *teoria das unidades sintático-semânticas*. Uma coisa é certa: se ela for seguida não haverá dúvida nem erro. Porque, segundo a teoria, no primeiro caso as vírgulas são absurdas e devem ser eliminadas. E no segundo podem permanecer. Por quê? Porque no primeiro há uma unidade sintático-semântica mal formada (*O professor serão responsabilizados*), por erro de concordância, já que *ou* é uma conjunção disjuntiva e não um conectivo.

18. Fizeram(,) se não isto(,) aquilo.

A intercalação da condicional é possível, sem restrições, e a pontuação, portanto, está correta. Note-se que, apesar da semelhança, este caso é muito diferente dos referidos em 5 e 12. É que aqui não há rompimento da indivisibilidade natural da unidade sintático-semântica, formada por verbo e complemento – no caso, objeto direto.

19. O que ele tem de pretensioso(,) ele tem de incompetente.

Esta vírgula é absurda, pelo óbvio motivo de estar entre sujeito e predicado e, assim, romper a indivisibilidade natural de uma unidade sintático-semântica por origem. Contudo, como se viu no cap. X, alguns tendem a aceitá-la por entender que está implícita a repetição do objeto:

> O que ele tem de pretensioso, (isto) ele tem de incompetente.

Não parece que tal argumento seja válido em casos como este.

20. Mas ele(,) ao saltar(,) no rio se afogou.

Exemplo clássico de polivalência da base sintática. A pontuação está correta. Da mesma forma que estaria se se escrevesse:

> Mas ele, ao saltar no rio, se afogou.

A estrutura lógica da frase – isto é, o sentido – é que se alteraria. Além disso, forçando a estrutura sintático-semântica, haveria outras formas de pontuar tal frase. Por exemplo:

> Mas ele, ao saltar, no rio, se afogou.

Neste caso haveria três unidades sintático-semânticas. Há outra alternativa, ainda mais forçada em termos de estrutura sintático-semântica mas permitida pela base sintática:

> Mas, ele ao saltar, no rio se afogou.

Por incrível que pareça, a sintaxe ainda permitiria pelo menos mais uma alternativa:

Mas, ele ao saltar, no rio, (ele) se afogou.

21. O poder muçulmano(,) que chegou a dominar grandes regiões da Europa(,) com o correr do tempo(,) tornou-se tão despótico(,) que não admitia...

Eis uma bela frase para exercícios sobre a polivalência de uma base sintática! Bom proveito! Sempre lembrando que a vírgula que segue a *despótico* é claramente absurda e necessariamente deve ser eliminada, como em 9. As outras três, porém, dependerão do que o autor pretender dizer.

22. O presidente não tinha alternativas. Ou demitia o ministro(,) ou renunciava.

Este é talvez um dos exemplos mais próximos do que se poderia chamar verdadeiramente de *vírgula opcional*. De fato, é difícil dizer em que se alteraria o sentido da frase – ou a informação nela contida – pela presença ou pela ausência da vírgula. Há, evidentemente, o argumento da ênfase, mas este é sempre duvidoso na realização escrita, a não ser quando se materializa por recursos consagrados como a posposição do sujeito e a repetição de termos da frase, caracterizando o *casus pendens*.

23. As férias de julho foram reduzidas para quinze dias e(,) as de final de ano(,) para quarenta e cinco dias.

Dois atentados à lógica: a primeira vírgula separa duas orações ligadas pelo conectivo *e* a segunda separa o sujeito do predicado (verbo) da segunda oração. As duas vírgulas são erros primários e devem ser eliminadas.

24. De um total de 200, 150 são empregados novos e 50(,) recontratados.

A segunda vírgula é absurda. É o erro-padrão analisado no cap. XI.

25. No quartel o tenente era subalterno e o general(,) autoridade.

Caso idêntico ao anterior.

26. Nova pesquisa do Ibope: Lula(,) 49%; Alckmin(,) 31%.

Como nos dois casos anteriores, as vírgulas estão erradas. É o mesmo erro-padrão analisado no cap. XI.

27. São dois os candidatos que estão à frente nas pesquisas: Lula, com 49%, e Alckmin, com 31%.

Ao contrário do que pode parecer à primeira vista e ao contrário do exemplo anterior, aqui a virgulação está correta. Isto porque *com 49%* e *com 31%* são locuções adverbiais e, portanto, unidades sintático-semânticas independentes. Assim, funcionam como apostos. Evidentemente, existe também a alternativa de eliminar as três, pois aqui elas são opcionais.

28. Na equação social, o valor de uma vida é zero; na equação cósmica, é infinito. (Arthur Koestler)

A pontuação está corretíssima e o estilo é elegante, com paralelismo e gradação perfeitos. Paralelismo porque há duas vírgulas separando, cada qual, unidades sintático-semânticas independentes, nas duas orações; gradação porque há também um ponto-e-vírgula separando as duas orações e um ponto fechando o período. Evidentemente, a pontuação estaria igualmente correta se as duas vírgulas fossem eliminadas (e o ponto-e-vírgula substituído por ponto). Contudo, a presença delas – que nada tem a ver com *pausa para respirar* ou *entonação*! – confere, pela referida gradação, maior elegância, ou adequação, ao período como um todo. Isto é saber redigir – e pontuar!

29. A província do Egito era grande produtora de cereais, porém à medida que a população aumentava(,) era necessário ampliar as áreas cultivadas.

Redação confusa quase sempre resulta em pontuação errada. O período acima é um exemplo. Em primeiro lugar, ele pode ser analisado e pontuado de várias formas, já que é possível usar o ponto, o ponto-e-vírgula e a vírgula. Em segundo lugar, aceitando a proposta do autor e considerando a conjunção adversativa *porém* como parte da terceira oração (*... era necessário* etc.), *à medida que a população aumentava* é uma oração subordinada modal, que pode ser intercalada ou não. Isto posto, só há duas soluções corretas: ou se coloca uma vírgula depois de *porém*, intercalando a modal, ou se elimina a vírgula depois de *aumentava*, eliminando a intercalação.

30. Bebo champanhe na vitória para comemorar, e na derrota, para me consolar. (Napoleão Bonaparte)

Exemplo de pontuação confusa e deselegante, ainda que não errada. Na verdade, há várias formas de pontuar o período se, além da vírgula, forem usados o ponto e o ponto-e-vírgula. Na forma acima há pelo menos o desrespeito ao paralelismo, pois a locução adverbial *na vitória* não é seguida de vírgula e sua correspondente *na derrota* o é. Além disto, as duas vírgulas estão em funções sintáticas diversas, pois a primeira fecha a primeira oração e a segunda separa uma locução que é parte da segunda oração. De um ponto de vista sintático e estilístico, a melhor pontuação para este período é:

> Bebo champanhe na vitória, para comemorar; e na derrota, para me consolar.

As duas vírgulas podem também ser simplesmente eliminadas. Quanto à discussão sobre se a presença ou a ausência delas altera ou não a semântica do período, ela não vem aqui ao caso.

31. O primeiro vinho é elaborado com 50% de malbec e 50% de shiraz e o segundo(,) com malbec apenas.

Esta vírgula não pode existir. É mais um exemplo do erro-padrão analisado no cap. XI.

32. Correta é a posição do nosso partido. Falsa(,) a dos outros.

Caso idêntico ao anterior.

33. A economia está no céu e minha vida(,) no inferno. (Antonio Palocci)

Caso idêntico ao anterior.

34. Todos os dias do homem são apenas dores; seus trabalhos(,) apenas tristeza. (Eclesiastes 2,23a)

Depois de tanto exemplos semelhantes não seria necessário repetir que a vírgula que segue a *trabalhos* é uma aberração e deve ser eliminada. Quanto ao ponto-e-vírgula, ele está corretamente colocado e é estilisticamente mais adequado que a vírgula ou o ponto, que a rigor também estariam corretos.

35. A diferença entre o historiador e o poeta, Sancho, é que o historiador conta-nos a história como ela é e o poeta(,) como ela deveria ter sido. (Cervantes)

Em uma diatribe contra mim, um energúmeno qualquer utilizou como epígrafe esta famosa passagem de *D. Quixote*. Por suposto, Cervantes não tem culpa nem de seu mau uso como epígrafe nem do erro crasso de pontuação nela contido, erro que é idêntico àqueles presentes nos vários casos acima analisados. A diatribe contra mim era supérflua. A vírgula depois de *poeta* não tem qualquer sentido, a não ser como demonstração de ignorância.

J. H. Dacanal

36. Enquanto estudiosos da natureza, somos panteístas; enquanto poetas, politeístas; enquanto seres morais, monoteístas.

Pontuação correta, precisa e elegante, respeitando estilisticamente a gradação existente entre vírgula, ponto-e-vírgula e ponto. Há, evidentemente, outras formas de pontuar estas três orações, inclusive a de eliminar as três vírgulas. No entanto, aqui é suficiente dizer – sem a necessidade de entrar em longas explicações – que a opção escolhida é a melhor. Diria mesmo que é perfeita.

37. Pois no acúmulo de sabedoria(,) acumula-se tristeza, e quem aumenta a ciência(,) aumenta a dor. (Eclesiastes 1,18)

O genial autor anônimo do Livro do Eclesiastes, que em sua gélida e desconsolada visão da existência humana tentou inútil e desesperadamente unir o racionalismo grego ao providencialismo israelita, não merecia tantos erros de pontuação na tradução de um de seus versículos imortais. A primeira e a terceira vírgula são absurdas por separarem unidades sintático-semânticas indivisíveis por natureza: no caso da primeira a conjunção causal/consecutiva *Pois* liga-se obrigatoriamente ao seu verbo, *acumula-se*, e a vírgula depois de *sabedoria* não deve existir (a não ser que a locução adverbial fosse intercalada e *Pois* fosse seguida de vírgula); no caso da terceira a oração substantiva *quem aumenta a ciência* tem função de sujeito do segundo *aumenta* e, portanto, a vírgula é uma aberração lógica. Além disso, estilisticamente seria melhor substituir a segunda vírgula por ponto-e-vírgula. Em qualquer caso, a primeira e a terceira vírgulas devem obrigatoriamente ser eliminadas. Na verdade, a melhor solução é simplesmente eliminar as três.

38. Por isto eu disse para mim mesmo(,) que tudo isto é também vaidade. (Eclesiastes 2,15b)

A vírgula é um erro crasso, já que ela separa o verbo *disse* de seu complemento *que tudo isto é vaidade*, separando uma unidade sintático-semântica por origem, indivisível por natureza. Uma solução tão boa quanto a eliminação da vírgula é substituí-la por dois pontos, eliminando o *que*, pois é um sinal com função declaratória, semelhante ao travessão, não representando uma ruptura sintática. Ainda que um tanto esdrúxulo, também seria possível colocar uma vírgula depois de *disse*, intercalando *para mim mesmo*.

39. Vi debaixo do Sol um mal, uma falha da parte do soberano: o insensato ocupa os mais altos cargos, enquanto que os homens de valor estão colocados em empregos inferiores. (Eclesiastes 10,5-6)

Nem é bom imaginar o que diria o autor do Eclesiastes se vivesse no Brasil de hoje! Bem, há mais de 2.200 anos ele próprio já afirmara, no início de sua obra, que "não há nada de novo sob o Sol"... Aqui, porém, o que importa é que, nesta tradução, estes dois versículos estão corretamente pontuados. Quanto à vírgula depois de *cargos*, ela poderia ser eliminada. Contudo, *enquanto que* é uma locução coordenativa e, por isto, a vírgula não está errada.

40. Mais vale não fazer voto(,) que fazer voto e não ser fiel à promessa. (Eclesiastes 5,4)

Este dito milenar, conhecido no mundo helenístico, provavelmente não foi criado mas, sim, apenas registrado pelo autor do Eclesiastes. Nesta tradução, este dito carrega um erro primário de pontuação: locuções comparativas como *melhor (do) que*, *mais... (do) que*, *menos... (do) que*, *tanto... que* etc. são unidades sintático-semânticas por origem e, portanto, indivisíveis. Logo, a vírgula esta errada.

41. Eu descobri que a mulher é coisa mais amarga que a morte, porque ela é um laço, seu coração é uma rede(,) e suas mãos(,) cadeias. Aquele que é agradável a Deus lhe escapa mas o pecador será preso por ela. (Eclesiastes 7,26)

As feministas – se ainda existirem – seguramente não apreciam este versículo. Contudo, ele nada mais é do que uma constatação, em um contexto histórico-civilizatório específico, dos desastres provocados pelo descontrole comportamental e pela libido sem freios. E o valor perene desta constatação revela-se hoje nos crimes passionais, nas separações conturbadas, nas pensões estratosféricas. Antropologia à parte, os dois períodos deste versículo podem ser pontuados de várias formas. Nesta tradução há um erro primário: a vírgula depois de *mãos* é absurda (v. cap. XI) e a que segue a *rede* é tecnicamente correta mas estilisticamente não tem razão de existir.

42. Quando fui ministro, algumas mulheres resistiram a mim; quando fui primeiro-ministro, nenhuma. (Edgar Faure)

A declaração deste político da segunda metade do século XX não é certamente um exemplo da propalada elegância social francesa. Mas o é certamente de pontuação correta, de sintaxe perfeita e de elegância estilística nesta tradução. Cada um dos períodos é formado por duas orações, com a subordinada temporal anteposta à principal e com uma vírgula separando as duas, em ambos os períodos. Assim, *nenhuma* é sujeito da segunda oração principal e *resistiu a mim* é seu predicado – implícito, é claro. Portanto, a pontuação está correta, pois não separa nenhuma unidade sintático-semântica por origem. Resta ainda dizer que as duas vírgulas são opcionais e que o ponto-e-vírgula poderia ser substituído por um ponto. Mas com isto a pontuação não ficaria melhor do que está. Até pelo contrário.

43. Os dois foram encontrados com uma arma na mão. Ele(,) com um revólver. Ela(,) com uma pistola.

Este é um caso interessante, particularmente se comparado ao anterior. Por quê? Porque aqui as duas vírgulas estão erradas. Mas como, se *com um revólver* e *com uma pistola* podem ser consideradas locuções adverbiais? A questão é semântica. E é sutil, ainda que nem tanto. Observe-se que *com uma arma na mão* é parte integrante do predicado, não podendo ser separada do verbo *foram encontrados* – a não ser que a semântica da frase fosse outra, o que seria indicado por uma vírgula depois de *encontrados*. É possível entender? Ora, como depois de *encontrados* não há vírgula, também não pode haver depois de *Ele* e depois de *Ela*, pois tal vírgula estaria separando o(s) sujeito(s) do predicado e, portanto, separando uma unidade sintático-semântica por origem. Ora, como se viu, tais unidades são indivisíveis por natureza. E se depois de *encontrados* houvesse uma vírgula? Então, obviamente, as vírgulas estariam corretas. *Mas a informação contida nos três períodos seria diferente!* Como foi dito, a semântica é a rainha! A pontuação é apenas sua escrava...

44. É o liberal-democrata de um lado, o social-democrata de outro, um com mais ênfase na criação de riqueza, o outro com mais ênfase na redistribuição dela. (Paulo Guedes, economista)

Há várias formas, certas e erradas, de pontuar este período. A forma acima está basicamente correta. Contudo, é possível melhorar a pontuação e o estilo fazendo pequenas alterações. Talvez a melhor alternativa seja a seguinte:

É o liberal-democrata de um lado, o social-democrata de outro; o primeiro com mais ênfase na criação de riqueza, o segundo com mais ênfase na redistribuição dela.

45. Aqueles a quem os deuses querem destruir(,) primeiro enlouquecem. (Sófocles)

Este famoso dito é a súmula da visão de mundo que impregna a tragédia grega: o desastre e o caos de uma sociedade são resultado direto de atos irracionais, isto é, de comportamentos que rompem o equilíbrio civilizatório que a sustenta. Na tradução e na redação acima, o período forneceria assunto para um pequeno tratado sobre sua estrutura sintática e sobre sua verdadeira semântica. O objetivo aqui não é este mas, apenas, o de discutir a única vírgula presente.

Para tanto é necessário primeiramente definir o sentido exato da citação, que é o seguinte:

> Os deuses antes enlouquecem aqueles a quem eles querem destruir.

Definido assim o exato sentido do período, pode-se analisar a vírgula. De acordo com a teoria das unidades sintático-semânticas, ela está errada porque separa o objeto direto *Aqueles...*, aqui anteposto, do verbo *enlouquecem*, aqui posposto, cujo sujeito é *eles*, que está implícito e em lugar de *deuses*. A vírgula, que pode ser defendida pelos tradicionais falsos argumentos da *pausa* e da *entonação*, aqui poderia sê-lo também pelo também falso argumento de que ela impede que o advérbio *primeiro* (forma de adjetivo) modifique *destruir* em vez de *enlouquecem*. A causa é boa mas a defesa é falsa. Afinal, por que não podemos levar adiante esta discussão inútil e dizer que *enlouquecem* é aqui intransitivo e tem *Aqueles* como sujeito?

Na verdade, para encerrar, este é um caso clássico de *casus pendens* e para que tanto a pontuação quanto a sintaxe, a semântica e a estilística sejam respeitadas a melhor redação portuguesa deste imortal dito de Sófocles é a seguinte:

> Aqueles a quem os deuses querem destruir, a estes primeiro enlouquecem.

Assim o *casus pendens* fica absolutamente claro, a vírgula está correta e o objeto direto preposicionado *a estes* deixa, pela duplicação, a sintaxe perfeitamente explícita, a semântica se torna incontroversa e a estilística agradece pela manutenção da figura da *ênfase*, via duplicação de um termo da oração.

Sem dúvida, pontuar implica bem mais do que conhecer alguns macetes...

46. Mas que mortal acatará a justiça(,) se nada tiver a recear?

Esta breve fala do coro no final de *As Eumênides*, última parte de *Oréstia*, a trilogia imortal de Ésquilo, é um tratado de antropologia. Com cerca de 2.500 anos, seu valor é perene e seu significado é claro: a base de toda civilização humana e, portanto, de toda vida social é a repressão. Aliás, alguns séculos antes de Ésquilo, o autor do *Livro do Êxodo* também já adquirira consciência do fenômeno e tirara as consequências: ele definiu, no Decálogo, uma lista de regras civilizatórias, um código repressor.

História e antropologia à parte, nesta tradução a conjunção *Mas* perde, como em outros casos similares, sua função adversativa e transforma-se em um expletivo com função estilística, dando ênfase à pergunta retórica. Por isto, a vírgula depois de *justiça* não está errada, podendo ou não ser utilizada. Situação muito diferente ocorre em

Ele esbravejava mas se conhecesse os fatos(,) sentiria vergonha.

Aqui a vírgula é absurda por *mas* ter função adversativa e por se ligar indissoluvelmente a *sentiria vergonha*. Por isto só existem duas soluções: ou elimina-se a vírgula ou se coloca outra depois de *mas*, intercalando assim a subordinada condicional.

47. As leis e as salsichas, é melhor não saber como elas são feitas. (Bismarck)

Da mesma forma que na solução perfeita, ou quase, encontrada no exemplo 45 para a redação do dito de Sófocles, esta sempre atualíssima *boutade* do *Chanceler de Ferro* tem aqui pontuação e redação perfeitas. *As leis e as salsichas* assumem a função de *casus pendens*, indicado pela vírgula, e *elas* é parte do objeto direto duplicador de *saber* (a oração substantiva objetiva *como elas são feitas*).

48. Que eu saiba, não há qualquer possibilidade de atravessar a zona de conflito.

A pontuação está correta. *Que eu saiba* é uma oração subordinada, concessiva ou modal, e portanto uma unidade sintático-semântica por origem que não desempenha qualquer função na oração principal. Mas a vírgula pode também ser eliminada sem problemas, com a subordinada formando com a principal uma única unidade sintático-semântica por aglutinação. Em qualquer dos casos a semântica é cristalina.

49. Que eu saiba, é do interesse dele.

Este é um caso interessante. Considerando *Que eu saiba* uma oração subordinada concessiva ou modal, é idêntico ao anterior. Mas o problema não é este. É de semântica. Pois na forma em que está redigido este período pode ter dois sentidos:

> a – Até o ponto em que conheço o assunto, (esta questão) é do interesse dele.
> b – É do interesse dele que eu seja informado (sobre esta questão).

Como se vê, em *a* a subordinada é uma concessiva ou modal e em *b* é uma substantiva subjetiva. Mas há mais: nos dois casos está correto tanto usar como não usar a vírgula, por que em *b* pode-se, no limite, considerar *Que eu saiba* um *casus pendens* (v. cap. X).

Portanto, neste exemplo a vírgula não funciona como índice semântico, o que faz deste um clássico *caso insolúvel*. E então? Então a solução é alterar a redação. Mas alguém, argutamente, poderia argumentar que a semântica é dada pelo contexto. Tudo bem. Se assim for, teremos que:

– se a semântica for *a*, está correto tanto usar quanto não usar a vírgula;

– se a semântica for *b*, está corretíssimo *não usar* a vírgula, porque neste caso o período é uma unidade sintático-semântica por origem, indivisível, e a oração substantiva *Que eu saiba* tem a função de sujeito. Portanto, o argumento do *casus pendens* (v. logo acima) é, neste exemplo, muito frágil, porque a semântica é sempre o item decisório básico.

50. É possível chegar à conclusão de que as teorias desenvolvidas por muitos pesquisadores sobre a origem seminômade de Israel durante o período de intensa migração de povos do Oriente Próximo nos séculos XII e XI a.C. na região da atual Transjordânia(,) estão equivocadas.

Vírgula não é *pausa para respirar* e a que foi colocada depois de *Transjordânia* é absurda, pois separa o sujeito ... *as teorias* etc. do predicado (verbo) *estão equivocadas*.

51. Povos migram quando a fome e/ou as catástrofes naturais(,) ou os conflitos bélicos em larga escala(,) os obrigam a isto.

Redação pouco satisfatória ou confusa vem geralmente acompanhada de pontuação problemática. Seria longo dissecar este período e a pontuação utilizada. Mas, mantida esta redação, sem qualquer dúvida é melhor simplesmente eliminar as duas vírgulas. Ou substituí-las por dois travessões.

52. Não tenho muitas posses(,) mas(,) minha mulher(,) sim.

Há várias formas de virgular corretamente este período. E também de virgulá-lo de forma completamente errada, como é o caso acima. As formas corretas, segundo a teoria das unidades sintático-semânticas, são as seguintes:

> a – Não tenho muitas posses mas minha mulher sim.
> b – Não tenho muitas posses, mas minha mulher sim.
> c – Não tenho muitas posses; mas minha mulher sim.

d – Não tenho muitas posses. Mas minha
mulher sim.

Todas as demais formas estão erradas.

53. Primeiro, foi a pintura do colégio, depois, o projeto de infra-estrutura, reforma do banheiro, bar, e construção do centro esportivo.

Este período, que fazia parte de um artigo publicado em um jornal de grande circulação, apresenta uma pontuação caótica, que é na verdade o resultado da incapacidade de redigir com clareza, precisão e elegância. Seria longo dissecar exaustivamente este texto e expor o despreparo intelectual e a falta de treinamento que ele revela. Mas é necessário apresentar pelo menos alguns exemplos de redação e pontuação mais adequadas:

a – Mantendo a mesma redação, podem ser eliminadas a primeira, a terceira e a última vírgulas. Com a eliminação das duas primeiras, o período ganha em clareza. Com a eliminação da última, ganha em elegância. Mas a alteração da virgulação pouco ajuda a melhorar uma redação tão desastrosa. Vejamos, portanto, dois casos nos quais a redação sofreu modificações. Poucas no primeiro e várias no segundo.

b – Primeiro foi a pintura do colégio, depois os projetos de infra-estrutura, de reforma dos banheiros e do bar e de construção do centro esportivo.

Neste caso, além da eliminação de vírgulas, foram feitas pequenas alterações redacionais/estilísticas. O acréscimo das preposições *de* e do conectivo *e* deu mais clareza e ritmo ao período.

c – Primeiramente foi feita a pintura do colégio. Em seguida foram executados os projetos de infra-estrutura, de reforma dos banheiros e do bar e de construção do centro esportivo.

Agora temos, finalmente uma redação mais profissional: clara, precisa, elegante. Há outras possíveis. Mas esta é, pelo menos, muito melhor que a original. Em todos os sentidos. Observe-se, por exemplo, como a virgulação foi reduzida e como o texto ficou mais fluente. O resultado é que a informação contida no período passou a ser transmitida de forma mais direta e mais clara.

Simples? Não, não é tão simples. Para alcançar tal objetivo é necessário ter controle sobre o próprio texto, controle que dificilmente é absoluto mas que sempre pressupõe bom conhecimento da língua, instrutor competente e longo treinamento. Hoje, infelizmente, estes produtos são raros no mercado. Sendo assim, não há como ensinar a pontuar corretamente. Porque a pontuação, como já foi repetido à exaustão, é apenas uma parte secundária – isto é, importante mas ancilar – do conhecimento da sintaxe, da semântica, da estilística e da retórica.

54. O professor olhava a poltrona, o convidado, a rua.

Clássico exemplo dos malefícios das falsas teorias da *entonação* e da vírgula como *substituta do verbo* e como sinal de *pausa*. No contexto, o sentido era o seguinte: o professor *e* seu convidado olhavam em direções diferentes, havendo portanto duas orações:

> O professor olhava a poltrona e o convidado a rua.

A esdrúxula virgulação transformou duas orações em uma e alterou radicalmente o sentido do período.

55. Não é preciso ser um competente físico quântico ou um brilhante economista para saber que um país onde o PIB cresce a 2,4% e as despesas a 6% terá o mesmo destino de Plutão: será excluído da geografia!

Pedindo desculpas por não ter guardado o nome do autor desta declaração, aliás aritmeticamente óbvia, é fundamental dizer que a pontuação está corretíssima, não tendo o repórter/redator/copidesque caído na tentação de colocar uma vírgula depois de *6%* como sinal de *pausa para respirar...* Pode ser que nem tudo esteja perdido, pois ainda existem algumas ilhas de racionalidade nas redações de jornais e revistas!

56. O referido sindicalista nunca fora homem do presidente, e, sim, do partido.

Sintaxe confusa e redação arrevesada acompanhadas de uma pontuação carregada e desnecessária resultam em semântica problemática e em estilo ruim. Observe-se como tudo ficaria mais simples, mais claro e mais preciso se a redação fosse a seguinte:

> O referido sindicalista nunca fora homem do presidente mas sim do partido,

com a opção, ainda melhor, de colocar *sim* entre duas vírgulas, transformando a partícula afirmativa em uma unidade sintático-semântica independente e com isto criando a figura estilística da ênfase, o que é reforçado pela presença da precedente conjunção adversativa.

Também no caso de manutenção do conectivo *e* na função de adversativa – o que tem sido usual no português brasileiro recente – é estilisticamente melhor eliminar as três vírgulas. Evidentemente, seja com *e* seja com *mas*, há pelo menos duas ou três formas de utilizar corretamente a pontuação nesta frase (eliminando ou substituindo por um ponto a vírgula depois de *presidente*, por exemplo). Seja como for, o importante é observar que a pontuação é instrumento ancilar da semântica, jamais tendo a função, portanto, de resolver problemas criados por sintaxe e/ou por redação confusas.

57. Vi ambos. Ela, na rua. Ele, na praia.

Como *Ela* e *Ele* são objeto direto de *vi*, verbo, nos dois casos, implícito, e como *na rua* e *na praia* são locuções adverbiais, as duas vírgulas não estão erradas, de acordo com a teoria das unidades sintático-semânticas. No entanto, elas são estilisticamente supérfluas. A semântica destas frases é ambígua mas isto não vem aqui ao caso.

58. Compramos eletrodomésticos. Eu, uma geladeira. Ela, um secador de cabelos.

Apesar de aparentemente semelhante, este é um caso totalmente diverso do anterior. As duas vírgulas são claramente absurdas porque separam unidades sintático-semânticas por origem, e portanto indivisíveis, formadas por sujeito e predicado (verbo):

> Eu comprei (verbo implícito, ou subentendido) uma geladeira e ela comprou (idem) um secador de cabelos.

59. Algumas mulheres denunciam a violência doméstica. Outras(,) não.

Algumas vezes, seus textos tinham alto nível literário. Outras, não.

Nestes dois exemplos, cujas estruturas sintáticas são paralelas apenas na aparência, evidencia-se o rigor lógico da teoria das unidades sintático-semânticas. Por quê? Porque no primeiro caso a vírgula depois de *Outras* é aberrante e deve ser eliminada, pois separa sujeito e predicado: *Outras* (mulheres) *não* (denunciam a violência doméstica). E no segundo caso a vírgula, que é opcional, está correta, pois separa uma locução adverbial *Outras* (vezes) da oração completa (*Outras* vezes, seus textos *não* tinham alto nível).

Alguém poderia dizer que tais distinções são preciosismos inúteis. Podem até sê-lo. Mas isto não altera o fato de que este é um argumento próprio de ignorantes, já que tais distinções dissecam com rigor a estrutura sintática dos dois períodos. E o que diferencia os grandes escritores – ficcionistas, poetas, historiadores, jornalistas etc. – entre seus pares medíocres ou ineptos é exatamente o terem sido treinados para fazer tais distinções e terem assim adquirido a habilidade de redigir seu texto com clareza, precisão e elegância.

60. Esta é uma situação difícil. Mas se ele não for embora(,) eu vou.

Novamente, a vírgula está errada, pois *Mas* tem função adversativa e se liga indissoluvelmente a *eu vou* (embora). É obrigatório, segundo a teoria das unidades sintático-semânticas, eliminar a vírgula ou intercalar a subordinada condicional colocando outra vírgula depois de *Mas*.

61. É hábito dos homens não apreciarem aqueles que se destacam em muitas coisas. (Cícero)

Esta arguta observação do grande orador romano, transformada em conselho a seu filho em *Sobre os deveres* (*De officiis*), está perfeitamente pontuada nesta tradução, não havendo alternativas. Já em outra tradução, com o período em ordem direta (isto é, colocando a oração substantiva subjetiva no início), foi colocada uma vírgula:

> Não apreciar aqueles que se destacam em muitas coisas, é habito dos homens.

Por separar o sujeito do predicado (verbo), esta é uma vírgula absurda. O argumento da ênfase, com a repetição implícita do sujeito – (*isto*) *é hábito dos homens* – e a transformação da substantiva objetiva em *casus pendens* é aqui um argumento estilisticamente muito frágil.

62. Para a República, não raro é mais benéfico um governante corrupto mas competente do que um honesto mas incapaz. (Cícero)

Rouba mas faz é a clássica versão brasileira desta velha máxima da *Realpolitik* romana. Nesta tradução a afirmação de Cícero está pontuada corretamente. O tradutor não caiu na armadilha da *pausa para respirar* ou da *entonação* e não colocou uma vírgula depois de *competente*, o que seria aberrante por romper a unidade sintático-semântica por origem representada pela locução comparativa *mais... do que*. E também não colocou vírgula depois de

Não fica mais simples, mais legível e melhor? Os clássicos de qualquer língua sempre foram *profissionais do texto*. Por isto eles foram, são e continuarão sendo *clássicos*, isto é, estudados em *classe*, quer dizer, em aula.

69. Isto aconteceu(,) porque além do deputado(,) vários ministros estavam envolvidos.

Sem discutir a semântica e dando a *porque* estrito sentido causal e não concessivo, este período apresenta um dos erros mais frequentes de virgulação: a ruptura da uma unidade sintático-semântica por origem formada pela conjunção e pela oração por ela regida – no caso *porque* e *vários ministros estavam envolvidos*. Esta ruptura é resultante da colocação de uma vírgula depois de *deputado*. A solução é eliminá-la ou colocar outra depois de *porque*, intercalando a locução adverbial modal *além do deputado*.

Quanto à vírgula depois de *aconteceu*, sua correção depende da semântica, questão que exigiria longa explanação, o que não será aqui feito. Basta dizer que, dependendo da semântica, esta vírgula:

a – está errada;

b – está certa e pode ser substituída por ponto ou por ponto -e-vírgula.

Em *b* a vírgula é estilisticamente a opção menos aconselhável.

70. Eu prefiro Maria e você(,) não?

Este é um exemplo clássico das armadilhas contidas nas falsas teorias da *entonação*, da *pausa para respirar* etc. No texto de onde foi extraída, a pergunta tinha o cristalino sentido de

Eu prefiro Maria e você não (prefere)?

A vírgula aberrante desmontou a semântica da frase e revelou a ignorância do autor.

subentendida, no caso) do sujeito, ficando o explícito na função de *casus pendens* (v. cap. X):

> E o que para tantos foi o naufrágio(,) (isto) para mim foi a salvação.

Este, porém, é um argumento frágil – ainda que lógico – e dependente, aqui e quase sempre, daqueles falsíssimos já citados: a *entonação* e a *pausa para respirar*. Portanto, a vírgula não tem justificativa, a não ser, exatamente, que *isto* seja explicitado.

67. A uns(,) imitou. A outros(,) perseguiu.

Caso semelhante ao anterior. De acordo com a teoria das unidades sintático-semânticas estas vírgulas estão erradas, devendo ser eliminadas. No entanto, estariam corretas se ambos os objetos diretos fossem repetidos, transformando *A uns* e *A outros* em *casus pendens*:

> A uns, os imitou. A outros, os perseguiu.

68. Renan Calheiros e José Sarney pretendem, o primeiro, ser vice de Lula, o segundo, encaixar Roseana como ministra.

Redação arrevesada normalmente vem acompanhada de pontuação esdrúxula e/ou carregada. Porque má redação é sempre produto da má ordenação lógica da frase, da oração ou do período. Ora, sendo a pontuação ferramenta auxiliar da explicitação da lógica interna do texto, como pode haver pontuação adequada em má redação?

No caso acima, rigorosamente não se pode afirmar que a redação e a pontuação estejam erradas, pois a semântica é clara e *o primeiro* e *o segundo* podem ser vistos como tendo a função de *casus pendens*. No entanto, esta complicação sintática e a pontuação carregada podem se resolvidas – e até *devem sê-lo*, particularmente em um texto jornalístico – de forma muito simples:

> Renan Calheiros e José Sarney pretendem, respectivamente, ser vice de Lula e encaixar Roseana como ministra.

a – Eliminar a segunda vírgula e colocar uma depois de *pelo menos*, intercalando a locução adverbial.

b – Alterar a redação para:

> O relato informa que, dos produtos apreendidos, pelo menos alguns eram roubados.

66. Então veio o Plano Real. E o que para tantos foi o naufrágio para mim foi a salvação.

A pontuação está perfeita. E assim deve permanecer. Quem não conhece a teoria das unidades sintático-semânticas e segue as pseudo-regras de gramáticos amadores e de maceteiros ignorantes preferirá colocar uma vírgula depois de *naufrágio*, aduzindo os conhecidos, e falsos, argumentos da *entonação* e/ou da *pausa para respirar*. Alguém um pouco mais sutil talvez tentasse justificar tal vírgula com argumentos de natureza sintático-semântica e/ou estilística, isto é, ele diria que a vírgula depois de *naufrágio* é necessária para impedir que o objeto indireto *para mim* seja considerado dependente de *naufrágio* (mesma unidade sintático-semântica) em vez de sê-lo de *salvação*. Assim, esta vírgula supostamente solucionaria o problema da suposta ambiguidade e estilisticamente permitiria a manutenção do paralelismo *para tanto foi / para mim foi*.

Tal argumentação não se sustenta. Em primeiro lugar porque a vírgula separaria o sujeito *E o que para tantos foi um naufrágio* do verbo (predicado) *foi*, separação que é um dos pecados capitais da pontuação. Em segundo lugar porque *entonação* e *pausa para respirar* não têm nada a ver com pontuação. Em terceiro lugar, finalmente, porque o rigor paralelístico de *para tantos foi o naufrágio / para mim foi a salvação* é estilisticamente mais do que suficiente para explicitar a estrutura sintática do período e, consequentemente, a exata semântica deste. Por isto, a redação está perfeita, não necessitando de reformulação nem, muito menos, de uma vírgula obtusa.

Na verdade, o único argumento lógico a favor desta vírgula seria o da *ênfase*, que pressupõe a repetição (implícita, ou *não raro*, deixando assim categoricamente claro que esta locução adverbial pertence à segunda das duas unidades sintático-semânticas que o período possui.

63. Um dos controladores era o responsável pelo Legacy em Brasília(,) o outro(,) trabalhava na mesma sala, tendo presenciado o drama do colega.

A vírgula depois de *outro* é tão aberrante que é difícil acreditar que o texto tenha sido publicado em reportagem de um grande jornal. Além disso, estilisticamente a pontuação adquire maior equilíbrio se a vírgula depois de *Brasília* for trocada por um ponto-e-vírgula.

64. Aquilo que herdaste de teus pais(,) conquista-o para fazê-lo teu. (Goethe)

Exemplo clássico de uso dos *casus pendens* com o objetivo estilístico (ênfase). A oração substantiva *Aquilo que herdaste de teus pais* perde sua função de objeto direto, que é assumida por *o*. Por isto a vírgula está correta. Este caso foi discutido no cap. X.

65. O relato informa que(,) pelo menos alguns dos produtos(,) eram roubados.

Pontuação duplamente errada, pois as vírgulas rompem duas unidades sintático-semânticas por origem. A primeira delas é a formada pelo verbo da oração principal (*informa*) e seu objeto direto, que é a oração subordinada substantiva (*que pelo menos... roubados*). A segunda é a formada pelo sujeito da subordinada (*pelo menos alguns dos produtos aprendidos*) e seu predicado.

Alguém poderia argumentar que as duas vírgulas não criam problema semântico e que elas dão ênfase ao caráter restritivo da locução adverbial *pelo menos*. Do ponto de vista da teoria das unidades sintático-semânticas este argumento é falso. Além do mais, se alguém insistir em usar vírgulas há, pelo menos, duas soluções simples:

71. O presidente, bem como seus ministros, deve ser responsabilizado.

Este, a rigor, não é um caso de pontuação mas de sintaxe. A pontuação está correta. A sintaxe portuguesa tem aceito tanto o singular (*deve/responsabilizado*), concordando com *O presidente*, como o plural (*devem/responsabilizados*), concordando com *seus ministros*.

72. Dois fatos são fundamentais: um a redução do investimento público, evidente nos últimos anos; outro(,) a corrupção, que desviou recursos.

Neste exemplo a pontuação pode ser considerada, ao mesmo tempo, correta, errada e incoerente. Correta porque depois de *um* não se deve colocar vírgula, já que está implícito, ou subentendido, o verbo *ser* (*Um é a ...*). Errada porque depois de *outro* não deve ser colocada vírgula, pelo mesmo motivo. Incoerente porque não há paralelismo: esteja certa ou errada a vírgula, por que usá-la no primeiro caso e no segundo não?

73. Euclides da Cunha é fundamental. Primeiro(,) pelo que informa sobre a região amazônica. E segundo porque seu testemunho tem a precisão de um relato científico.

Este é um caso pior que o anterior. Por quê? Porque a vírgula depois de *Primeiro* é opcional e está correta, já que se trata de um advérbio em forma de adjetivo. E, assim sendo, estilisticamente é necessário colocar uma vírgula paralela depois de *segundo*.

Além de não ter sido colocada esta vírgula, foi acrescentado um *E* inútil. Finalmente, seria desejável a manutenção do paralelismo sintático, alterando-se *E segundo porque seu testemunho etc* para *Segundo, pela precisão de seu testemunho como relato científico*. Preciosismos? Bizantinices? Talvez. Mas foi identificando, dissecando e analisando tudo isto que se formaram os grandes mestres da Língua Portuguesa!

74. Saibam eles, vocês, todos que não poderemos ser derrotados, sob pena de enfrentarmos um desastre, uma tragédia, um cataclisma.

Pontuação carregada, que estilisticamente é parte do tom retórico do texto, mas corretíssima. Contudo, muitos colocariam uma vírgula depois de *todos*, o que é um erro por ela separar sujeito e verbo (*saibam... todos*) do complemento (*que não etc.*), já que neste caso *eles, vocês, todos* é uma sequência de sujeitos (*Saibam eles, (saibam) vocês, (saibam) todos...*). Note-se, no entanto, que se o período fosse alterado para

<blockquote>Saibam todos, vocês, eles, que...</blockquote>

a vírgula depois de *eles* não estaria errada, pois *vocês, eles* não seriam mais sujeitos, assumindo a função de apostos, isto é, explicativos. Por tudo isto, pode-se dizer, parodiando famoso sambista, que sintaxe, semântica, pontuação, estilística etc. aprende-se, sim, no colégio. Melhor, aprendia-se...

II
Testes[73]

1. Por que os empréstimos daquele político seriam de verdade e os do partido(,) de fachada?

A – A pontuação está correta porque a vírgula é necessária para evitar confusão.

B – A vírgula é absurda e deve ser eliminada. É possível, além disto, repetir *seriam*.

C – A vírgula está correta mas pode ser substituída por *seriam*.

2. Polêmica(,) toda matéria que chega ao STF o é.

A – A vírgula está errada.

B – A vírgula está certa. É um exemplo clássico de *casus pendens*, pois o predicado *Polêmica* é repetido (o pronome *o*, que no caso é do gênero neutro).

C – A vírgula está errada e é necessário alterar a redação.

3. Vênus me concedeu a lascívia. E Marte(,) a persistência.

A – A vírgula está certa.

B – A vírgula esta errada e deve ser eliminada.

C – É obrigatório repetir *me concedeu* na segunda frase.

---

[73] Em alguns destes testes há *mais de uma* resposta correta. V. as respostas ao final.

4 – A donzela representa a democracia, o livro(,) os padres e o gato(,) os políticos.

A – A pontuação está correta mas o conectivo *e* deve ser eliminado.

B – A pontuação está completamente errada.

C – A pontuação está em parte correta e em parte errada. A melhor solução é a seguinte: *A donzela representa a democracia, o livro os padres e o gato os políticos.*

5. Você cuida das crianças. E eu(,) dos drinques.

A – A vírgula está certa.

B – A vírgula está errada mas não há solução.

C – A vírgula está errada e há duas soluções: simplesmente eliminá-la ou eliminá-la e repetir o verbo, alterando a pessoa (*cuido*).

6. Cachorros(,) melhor não tê-los em apartamentos.

A – A vírgula está errada.

B – A vírgula está certa porque a repetição do objeto direto(*-los*) define *Cachorros* como *casus pendens*.

7. Ele disse que depois de ter organizado tudo e ter se despedido da mulher e dos filhos na vila distante em que morava(,) partiria para uma longa viagem.

A – A vírgula está certa porque identifica uma *pausa para respirar.*

B – A vírgula pode permanecer se outra for colocada depois de *disse que*, criando assim uma intercalação.

C – A vírgula está errada por romper uma unidade sintático-semântica por origem formada pelas orações principal e subordinada substantiva objetiva (*Ele disse que/partiria para uma longa viagem*).

8. Quem acredita em vigaristas como eu merece ser enganado.

A – A redação e a pontuação estão corretas.

B – É necessário intercalar *como eu*, utilizando duas vírgulas.

C – É necessário colocar uma vírgula depois de *eu* para resolver o problema da semântica ambígua.

D – É um típico caso insolúvel (v. cap. XIII) por causa da base semântica polivalente, sendo indispensável modificar a redação para *Quem, como eu, acredita em* etc. Ou para *Quem acredita em vigaristas semelhantes a mim merece...*

9. Eu não nego(,) porém(,) discuto.

A – As duas vírgulas estão corretas.

B – A primeira vírgula está correta.

C – A segunda vírgula está correta.

D – As duas vírgulas estão erradas.

E – O problema não é simplesmente de virgulação mas de redação. O autor não controlou seu texto e o leitor não tem condições de identificar a exata informação nele contida pois as duas vírgulas criam uma base semântica polivalente. Portanto, em primeiro lugar é necessário saber o que o autor quer dizer.

10. O Brasil gasta 11% do seu PIB com aposentados(,) a Coreia do Sul 2,3% e o México(,) apenas 1,6%.

A – As duas vírgulas estão certas.

B – As duas vírgulas estão erradas.

C – Apenas a segunda vírgula está errada.

11. Há três banheiros naquele cinema, um para homens, outro para mulheres e outro para *gays*.

A – A pontuação está completamente errada.

B – A pontuação está certa e não há como melhorá-la.

C – A pontuação pode ser considerada correta de acordo com a teoria das unidades sintático-semânticas mas, de um ponto de vista estilístico, a primeira vírgula deve ser substituída por dois pontos.

12. Talento nós sabemos que ele tem.

A – A pontuação está errada.

B – A pontuação está correta.

C – A colocação de uma vírgula depois de *Talento* é alternativa discutível (v. cap. X).

13. À vezes, dá vontade de chorar; às vezes, de rir.

A – As vírgulas estão corretas.

B – As vírgulas *devem* ser eliminadas.

C – As vírgulas *podem* ser eliminadas.

14. A obra mostra o que acontece quando brancos ficam negros e negros(,) brancos.

A – A pontuação está correta.

B – A vírgula é uma aberração resultante da falsa teoria da *substituição do verbo*.

15. Por volta de 1975(,) o Brasil era a oitava economia do planeta. Hoje é a décima-quinta.

A – A vírgula está errada.

B – A vírgula não está errada mas é inadequada porque rompe o paralelismo *Por volta de 1975/Hoje*.

C – Há duas soluções, estilisticamente falando: eliminar a vírgula depois de *1970* ou colocar uma depois de *Hoje*.

16. Muitas casas de comércio tinham linhas de navegação e quase todas(,) tropas de transporte.

A – A pontuação está correta.

B – A vírgula está errada e deve ser eliminada.

C – Não há a possibilidade de intercalação de *quase todas* – colocando outra vírgula depois de *e* – porque este é o sujeito de (*tinham*) *tropas de transporte*.

MANUAL DE PONTUAÇÃO – TEORIA E PRÁTICA

17. a) – Ele disse que, se não se comportar V. não receberá presentes.

b) – Ele disse que se não se comportar, V. não receberá presentes.

c) – Ele disse que se não se comportar V. não receberá presentes.

d) – Ele disse que, se não se comportar, V. não receberá presentes.

A – As vírgulas em a), b) e d) estão erradas.

B – A pontuação em c) e d) está correta.

C – As vírgulas em a) e b) estão erradas por romperem unidades sintático-semânticas por origem (verbo e complemento).

18. Ele tivera duas esposas: a primeira italiana e a segunda alemã.

A – A pontuação está correta.

B – Há necessidade de vírgulas depois de *primeira* e *segunda*.

19. Ele tinha mais pesadelos do que o Imperador, que, contam os historiadores, na noite do dia que precedeu seu assassinato, vira abutres pousando sobre sua casa.

A – A pontuação está errada.

B – Este texto não serve para testes! Ele é muito mais do que um teste. É a prova contundente da natureza ancilar da pontuação! Neste texto a pontuação pode ser considerada corretíssima. E daí? Quem foi assassinado? *Ele*, o *Imperador* ou *os historiadores*? E de quem é a *casa*? No limite, pode ser até dos historiadores! De que vale a pontuação se o autor não sabe exatamente o que diz e o leitor não consegue entender o que lê?!

20. Das três(,) uma torcia pela colega(,) outra(,) pela professora e outra pela diretora.

A – As três vírgulas estão erradas.

B – As três vírgulas estão certas.

C – Apenas a terceira vírgula está errada.

21. Que eu devia informá-lo disso eu não sabia.

A – A pontuação está correta.

B – É impossível saber, pois a base sintática é polivalente (ou polissêmica).

C – A pontuação está errada.

22. De fato(,) eles eram tolos(,) e mesmo assim(,) muitos os seguiam

A – Todas as vírgulas estão corretas.

B – A segunda e a terceira vírgulas estão erradas.

C – Apenas a terceira vírgula está errada.

23. A atriz voa na primeira classe e seu filho(,) na econômica.

A – A vírgula está correta porque indica uma pausa.

B – A vírgula é opcional.

C – A vírgula é absurda e deve ser eliminada.

24. Alguns pensamentos de Marco Aurélio são quase epigramas. Outros(,) reflexões mais ou menos extensas sobre o ser(,) a verdade etc.

A – As duas vírgulas estão corretas.

B – A vírgula depois de *ser* está correta.

C – A vírgula depois de *Outros* é absurda e deve ser eliminada.

Respostas

1 – B	7 – B, C	13 – A, C	19 – B
2 – B	8 – D	14 – B	20 – C
3 – B	9 – E	15 – B, C	21 – B
4 – C	10 – C	16 – B, C	22 – C
5 – C	11 – C	17 – B, C	23 – C
6 – B	12 – B, C	18 – A	24 – B, C

TERCEIRA PARTE
Anexos

I – Entrevista a Ney Gastal
II – Um prefácio heterodoxo
III – Advertência ao leitor

I

Entrevista a Ney Gastal[74]

JOSÉ HILDEBRANDO DACANAL:

"A maioria
dos revolucionários da língua
não passam de incompetentes
que estão querendo aparecer"

Até pouco tempo atrás, qualquer manifestação pública de José Hildebrand Dacanal tinha destino certo: virava polêmica. Por isto, não foi sem alguma surpresa que seu novo livro chegou às livrarias, pois trata de um assunto controverso talvez, mas certamente não exatamente "polêmico": pontuação. Dizendo-se não interessado em polemizar "no momento", Dacanal só aceitou dar esta entrevista se a mesma ficasse restrita ao assunto pontuação. *Não ficou. Nela vamos percorrer também os meandros da vida do garoto que, de agricultor em Catuípe, acabou virando um dos mais inquietos pensadores da província. Uma trajetória tão fascinante quanto carregada de angústia.*

Ney Gastal

---

[74] Jornal *RS*, 12 de março de 1988.

RS – Para começar: quem é José Hildebrando Dacanal, jornalista, quase padre?

JHD – Padre não cheguei a ser. Só estudante. Não fiz Filosofia nem Teologia. Fundamentalmente sou um neto de imigrantes. Minhas duas avós eram italianas, um avô era austro-húngaro e o outro nasceu aqui mesmo, mas de família recém-imigrada da Itália. Minha passagem pelo Seminário deve ser entendida dentro deste contexto. Era neles que os filhos e netos de imigrantes iam estudar e atingiam um nível de sofisticação intelectual e racional extremamente alto. Antes disso me criei na roça. Minha família chegou à região da Estação Barão do Rio Branco, atual Catuípe, por volta de 1923, na segunda onda de expansão colonizatória italiana, que a partir da Serra do Nordeste e da Quarta Colônia colonizou o Noroeste do Rio Grande do Sul.

RS – O Seminário era a única opção de um bom estudo?

JHD – Exato. E fui para lá aos 12 anos incompletos. É bom notar que nem mesmo os filhos da burguesia urbana ou da oligarquia rural do Rio Grande do Sul tinham formação intelectual e humanística tão completa quanto os alunos destes Seminários. Até hoje leio Latim e um pouco de Grego, o que me facilitou aprender Alemão, Francês, Inglês e Espanhol, que se somaram ao Italiano, que eu já falava desde pequeno. Este tipo de ensino, nos Seminários, não existe mais. Foi completamente desestruturado. Fui das últimas turmas. Fiquei lá cerca de onze anos, fiz o Ginásio e o Clássico, mas não cheguei a fazer Filosofia. O sistema estava se desestruturando. Mas antes de sair ainda completei o Científico no Colégio Conceição, dos Irmãos Maristas, de Passo Fundo.

RS – Depois de tudo isto não dava para simplesmente voltar para a roça, não é?

JHD – Não. Fui ser professor de Francês e Latim nos colégios religiosos da região. E comecei minha carreira de jornalista com Túlio Fontoura, no *Diário da Manhã*, de Passo Fundo. Eu era multi-repórter, e o velho Túlio foi logo me avisando: "Bagunça na zona não publica. No meu jornal estas coisas não saem". Era até curioso, porque o pai do Tarso de Castro,[75] Múcio, dirigia o outro jornal da cidade, *O Nacional*, e as brigas iam ao ponto de atacar filhas e esposas. Mas bagunça na zona do meretrício não! Só que um dia aconteceu lá uma briga feia, com tiroteio e tudo, envolvendo um vereador. E *O Nacional* publicou. Estou eu na redação e entra o velho Túlio, furioso, com o jornal na mão, e me passa uma enorme descompostura: "Como é que o sr. não me publica esta notícia no jornal?" – perguntou. Respondi que ele mesmo havia proibido. Então ele, furioso, me disse: "Ah, mas este sujeito é meu inimigo, você não sabia?!" Foi minha primeira aula sobre o que é a *"imparcialidade jornalística"*. No final de 1966 vim para Porto Alegre. Três anos depois eu já era editor internacional do *Correio do Povo*, professor da Universidade Federal e tinha duas bolsas para a Europa. Isto sem ninguém saber de onde eu tinha vindo. Nem eu!

RS – É muita coisa para pouco tempo. Foi uma escalada honesta?

JHD – Como assim *honesta*? Claro que sim! Nunca roubei. Você poderia atribuir as coisas ao destino, mas não é bem isto. Não esqueça que eu tinha uma formação sofisticada. Domino oito línguas. Tinha boa formação histórica e muito interesse para trabalhar. E havia o momento. Era a fase em que o Brasil passava de pré-industrial e quase agrário para industrial, se integrando ao contexto hegemônico da sociedade industrial americana, com todas as suas características. Foi um salto incrível. Eu e minha família, e quase todos os imigrantes até a década de 1960, utilizávamos no campo métodos de trabalho por vezes mais rudimentares do que os da época do Império Romano. O arado que usávamos era mais rudimentar do que o arado romano. Em cinco anos, na década de 1960, passamos dele para as automotrizes, para os tratores de grande porte. Aquilo que na Europa levou mais de 400

---

[75] Um dos fundadores do lendário *O Pasquim.*

anos para acontecer, que nos Estados Unidos aconteceu em mais de um século, isto nós vivemos em cinco anos! Então, não é de estranhar também que eu, vindo desta região, e completamente desconhecido, em cerca de dois anos me tornasse uma espécie de *enfant gaté* do *Correio do Povo*. Eu assustava todo mundo. Inclusive quando fui para a Europa, com a bolsa, a *Folha da Manhã* publicou, com foto e tudo: "Literatura leva Dacanal para a Europa". E a *Folha da Tarde* e o *Correio do Povo* também!

RS – Como foi o choque da chegada à Europa do coloninho que até há pouco tempo estava arando a terra no interior de Catuípe?

JHD – Choque não foi a ida. Foi a volta. Quando me dei conta do caminho percorrido, que eu havia saído da baixa Idade Média e me integrado à sociedade industrial do século XX. Foi uma grande crise de identidade, em que quase me perdi. Foi muito difícil. Fiquei um ano e meio na Europa, e já voltei em crise. Tanto que não consegui completar a bolsa. Me sentia deslocado, lá, e também não queria perder o emprego na UFRGS. Sobre isto, aliás, pode escrever aí que foi uma sábia decisão, já que os professores das Universidades Federais, hoje, são verdadeiros marajás, se compararmos os salários que recebem com os da iniciativa privada e as responsabilidades que têm com as que são exigidas pela mesma iniciativa privada.

RS – Como foi que resolveste na tua cabeça a dicotomia das realidades que havias vivido?

JHD – Comecei a colocar culturalmente meu espaço agrário dentro da História do país e do Ocidente. E me dei conta de que eu era um camponês, criado dentro da Igreja Católica, neto de imigrantes, com uma boa formação humanística. Fiz o retorno, e neste processo, inclusive, comecei retornar também à propriedade dos meus pais, a trabalhar na terra e a montar um mini-projeto agrícola que ainda não está pronto.

RS – Como é tua relação com Deus neste processo todo?

JHD – Nunca tive problemas, nem quando estava dentro do contexto da Igreja Católica, nem depois. Por quê? Porque, dentro da visão racionalista greco-ocidental, eu não vou dizer como o Fernando Henrique Cardoso que "não acredito em Deus". Depende do que se entende por Deus. Se for o Motor Primeiro, Voltaire, Platão, Aristóteles, São Tomás, Cícero e eu acreditamos. Por quê? Porque ainda é a explicação mais racional para tudo o que existe. Isto é aristotélico.

RS – Falaste antes que saíste da Idade Média e caíste no século XX. E daí? Paraste no século XX ou estás hoje entrando no século XXI, usando computadores e toda esta tecnologia de ponta que existe disponível.

JHD – Em parte. Para minha vida particular não. Vivo de forma modesta. Ainda escrevo a mão. Mas ao montar uma pequena propriedade rural rentável não posso deixar de pensar nisto. Não posso deixar de pensar em ter vacas de alta linhagem genética, se as pudesse comprar, ou em trabalhar com sementes altamente sofisticadas. Não se pode fugir disto. O que me pergunto, ao mesmo tempo, é até que ponto a pequena propriedade que tenho (29 hectares) tem futuro econômico. Quando observo o avanço da genética e da biotecnologia nos últimos 20 anos, me pergunto *o que estou fazendo lá?* Enterrando dinheiro? As coisas vão de uma forma que ou se tem (muito) capital para trabalhar ou simplesmente se involui. E aí pergunto até onde esta tecnologia agrícola de ponta vai servir socialmente ao Brasil? É uma preocupação social e econômica, a que tenho com estas novas tecnologias. Até porque elas são a única coisa realmente nova que existe. No resto, o Homem é o mesmo desde Aristóteles, desde Cícero. O Homem não mudou. Estava lendo *A República*, de Cícero, um dia destes, e topei com os exemplos de dois varões, que ele dá. Um é sábio, politicamente, mas corrupto total. A corrupção faz parte da sabedoria política. Ele trai os amigos, desfaz tratados, não cumpre a palavra. Cícero o chama de "político hábil". O outro é honesto, cumpre todos os compromissos, mas é um desastre para a República. É um "político inábil". Está em Cícero, ou, seja: até hoje não há nada de novo sob o sol.

RS – Como é que um sujeito como tu foi acabar escrevendo um livro sobre pontuação?

JHD – Um problema técnico. Trabalho há 20 anos no Magistério, dentro do esquema de eficiência. Não com bugigangas, com laboratórios ou estas bobagens inventadas para vender *gadjets* da sociedade industrial. Trabalho com eficiência. As pessoas só aprendem lendo, escrevendo e se informando. Dentro deste esquema, corrijo centenas e centenas de redações por semestre. Nestas correções, muitas vezes eu mexia na pontuação e os alunos perguntavam *por quê?* Era preciso dar uma resposta racional, lógica. Fui procurar nas gramáticas e encontrei uma confusão desgraçada. Ninguém sabe o que diz. Conversei com outros professores, e a confusão persistiu. Alguns colegas falaram em "pausa para respirar", como os gramáticos. Eu não conseguia encontrar uma estrutura lógica na qual pudesse enquadrar meu trabalho de correção linguística, no que dizia respeito à pontuação. A partir de então comecei a analisar a estrutura das línguas e a fazer um levantamento das situações que me permitisse montar princípios básicos mínimos, capazes de orientar ou pelo menos enquadrar determinadas situações mais comuns. Fiz isto porque não aguentava mais ouvir professores e gramáticos dizendo que "vírgula é pausa para respirar". Ou que "é entonação". Nada a ver!

RS – Sendo assim, ponto-e-vírgula seria a pausa do asmático?

JHD – Ou de quem tem 70 anos e está subindo uma lomba! A marcação oral é feita através da intensidade da voz, da altura do som, das pausas intercalares. A escrita não tem nada disto. Se formos referir a sinalização gráfica à marcação oral da língua, fica tudo uma enorme confusão. Então separei ambas: sinalização gráfica (pontuação) não tem nada a ver com marcação oral. Claro que ambas estão relacionadas, mas nem sempre. Existem casos em que tenho que colocar uma vírgula no texto mas na hora de verbalizar a frase ela não é lida. A língua tem determinada lógica, e a partir do que chamei de *unidades sintático-semânticas da língua* estabeleci padrões que caracterizam a sinalização gráfica na escrita. Fiz o livro por uma necessidade técnica que senti em aula e que tive de resolver, já que ninguém a havia resolvido por mim.

RS – Guimarães Rosa, teu aluno, tiraria boas notas?

JHD – Claro! Digo no livro que o grande escritor sabe usar a sinalização gráfica segundo seus objetivos, e estes objetivos serão percebidos pelo leitor. Mas se um aluno meu escrever uma frase como "O ministro saiu do gabinete e deu uma surra na secretária" e colocar vírgula depois de "O ministro", é claro que vou tirar pontos. Uma unidade sintático-semântica básica é a formada por sujeito e predicado. O grande escritor usa estas coisas, mas até com prudência. E mais: Guimarães Rosa não inova tanto assim. Como digo no livro: "Desconfie de inovações". Mário Quintana, Manuel Bandeira e Fernando Pessoa, três dos maiores, se não os maiores líricos da língua portuguesa, não inovaram nada. A maior parte dos "revolucionários da língua" são incompetentes que, na falta de outra coisa, tentam aparecer. Mas aí eu pergunto: por que então não atam uma melancia ao pescoço? É maior que um ponto e ainda tem a vantagem de ser colorida...

II

Um prefácio heterodoxo[76]

Antes que algum eventual – e apressado – leitor levante, justificadamente, a questão, confesso que, de início, a mim próprio pareceu um tanto estranha a ideia de elaborar um texto, por breve que fosse, sobre o problema da pontuação, já que, em nenhum momento, pensara tratar, algum dia, de tal assunto, na aparência tão absolutamente distante de minhas preocupações.

Aos poucos, porém, dei-me conta de que, na prática, a teoria, ainda que por linhas muito transversas, era um pouco diferente, pois não podia fugir à evidência de um fato inegável: tanto em termos profissionais como, até, histórico-culturais a questão da pontuação sempre rondara meu passado. Profissionalmente, como publicista, ensaísta e, mais ainda, redator de jornal durante uma década, eu desenvolvera, por simples necessidade de sobrevivência, um feroz autocontrole no que diz respeito à correção linguística e à adequação estilística. Como se isto não bastasse, a diuturna, apostolar e frequentemente malvista[77] atividade de pedagogo

---

[76] Este era o prefácio das três primeiras edições. Por motivos explicados na "Nota à 4ª edição" (v. p. 7), ele foi deslocado para cá.

[77] Por aqueles que, em vez de buscar a eficiência, favorecem um demagógico pacto de mediocridade entre corpo docente e discente para encobrir, respectivamente, a incompetência e o desinteresse, num lamentável espetáculo em que passam por autoritários e radicais os professores cujos esforços visam à formação de profissionais de alto nível. Ah, tristes tempos de uma pedagogia rastaquera e pedestre!... Como se não bastasse o ser subdesenvolvida e colonizada!

no Instituto de Letras da Universidade Federal do Rio Grande do Sul e a maldita mania de eficiência haviam me levado, e ainda me levam, a corrigir centenas de dissertações por semestre, trabalho que não apenas desenvolve o referido autocontrole como, ainda, exige a justificação teórica dos, digamos, erros corrigidos.[78] E foi a partir daí que tudo aconteceu.

Ao buscar nos gramáticos – quase todos de imerecida fama, seja por suas gritantes limitações intelectuais e culturais, seja, nos mais recentes e por acréscimo, por suas esdrúxulas e inúteis modernosidades – esta justificação teórica capaz de embasar as sanções no que tangia à pontuação, nada encontrei além de grande confusão e de ideias copiadas uns dos outros, ideias estas geralmente pouco claras e não raro equivocadas e até falsas.[79]

Diante disto, fui tentando, aos poucos, elaborar alguns princípios, elementares mas funcionais, que servissem de base teórica para o trabalho prático de correção de textos. "Vírgula absolutamente não é pausa para respirar" foi um dos primeiros instintivamente formulados, princípio, aliás, que não agradou nada a alguns de meus simpáticos colegas. Bem, mas isto será discutido mais adiante.

Em termos profissionais, esta parece ser a gênese dos textos que seguem. Contudo, há algo mais que não se limita a meras *tecnicalidades*. De minha parte jamais poderei esquecer que o problema fez e faz parte de um processo, exclusivamente pessoal à primeira vista, cujo objetivo último sempre foi a busca da racionalidade mais absoluta e da lógica mais feroz. Este processo, porém e obviamente, não tem nada de pessoal no sentido restrito do termo, sendo, pelo contrário, integrante de um contexto sócio-histórico específico: o da inserção total, completa e definitiva – além

---

[78] É evidente que o erro de pontuação é de natureza marcadamente lógica e não diretamente sociocultural, como é o caso dos *erros* de linguagem. A respeito destes últimos v. *Linguagem, poder e ensino da língua.*

[79] Júlio Ribeiro e Napoleão Mendes de Almeida podem ser considerados como exceções, em certo sentido apenas. Apesar de não elaborarem qualquer *teoria da pontuação*, demonstram bom senso e pertinência em algumas de suas observações, em que pesem as inevitáveis confusões, como no referente ao conceito de *pausa* e de sua relação com a vírgula, no caso do último.

de veloz – da sociedade brasileira nos quadros do racionalismo ocidental e de seus últimos frutos: a era tecnológica e a tendência à homogeneização planetária. É evidente, portanto, que entre mim e os gramáticos tradicionais há algo mais do que simples pontos e vírgulas a nos separar...

Por outro lado, não creio ser o primeiro a manifestar insatisfação com os ensinamentos tradicionais sobre pontuação, nem o primeiro a buscar – como se verá – na estrutura lógica do *texto escrito* a base para a elaboração de alguns conceitos que possuam um mínimo de rigor teórico e tenham alguma aplicabilidade prática. Seja como for e como já disse em outro lugar, originalidade é uma questão de necessidade e não de cronologia. Pois tenham ou não estes breves textos alguma importância, eles são produto, simplesmente, de não ter mais aguentado ouvir gramáticos, professores e alunos falando em "pausa para respirar", "entonação", "sinal de intensidade" e coisas que tais. Em consequência, parodiando este excelente ator que foi Jânio Quadros, eu poderia singelamente dizer: "Fi-lo porque torram-mo". Nada além disto.

Finalmente, para encerrar, as ideias aqui expostas não têm, em termos teóricos, a pretensão de se apresentarem como definitivas nem, muito menos, como elaboradas de forma totalmente rigorosa, apesar de levantarem, sem dúvida, questões essenciais e inefugíveis no que diz respeito ao tema tratado. Além disto, em termos práticos, os exemplos fornecidos poderiam ser mais numerosos e em sua apresentação melhor organizados. Isto, é claro, demandaria muito trabalho, a que não estava disposto.

E se não me atrevo a dizer que assim agi com o intuito de, bondosamente, deixar algum assunto para tantos futuros mestres e até doutores(!) que estão nos cursos de pós-graduação em Letras à procura de uma ideia inteligente para suas teses, pelo menos creio poder ter a certeza de afirmar que tanto as ideias expostas quanto os exemplos apresentados podem servir para iniciar ou alimentar uma discussão bem embasada sobre o tema em questão.

Não que isto, *sub specie aeternitatis*, ou até muito menos, tenha alguma importância. É que, como já dizia Heráclito, o movimento descansa. Mesmo que referido, por injunções históricas e pessoais, a coisas bem pouco substanciais. Como a questão da pontuação, por exemplo.

Felizmente, nem todas as épocas históricas e nem todas as sociedades oferecem – melhor, impõem – espaço para heróis impolutos e quase míticos como Che ou para lances dramáticos e marcadamente teatrais como *A história me absolverá*. Se bem que, em quase todo o continente, a violência fascista da miséria e até da tortura revelem sua presença insistente e constante.

É assim, porém, que gira o mundo! Afortunados os bem alimentados que podem viver em um país em que Rita Camata e Márcia Kubitschek podem aparecer ladeando, abraçadas, Benedita da Silva, em um pôster a cores, tendo por pano de fundo a Brasília monumental de Niemeyer e da Constituinte! Claro, assim não há PT que resista! Afinal, o que a linda, apesar de pouco falquejada, Camata e a madurona socialite Kubitschek estavam fazendo lá a gente sabe... Mas e a simpática Benê?

Não é de fato um – em todos os sentidos – fantástico país este em que os representantes dos pobres e despossuídos podem dar-se ao luxo de cair, gostosamente, nas armadilhas da História? Não é feliz uma nação assim? E, principalmente, não é ainda mais feliz sua classe dirigente?...

III

Advertência ao leitor[80]

Esta obra não é um *facilitário*. Nem, muito menos, uma coletânea de *macetes* elaborados com maior ou menor competência. Pelo contrário, seu objetivo fundamental é explicar – através da elaboração de uma base teórica e da apresentação de exemplos práticos – a natureza da pontuação: o que é, para que serve, como funciona etc.

Neste sentido, esta obra é um exercício de lógica aplicado à língua/linguagem, mais especificamente ao português e às demais línguas indo-europeias, cuja sintaxe tem no latim clássico, por sua precisão e simplicidade, o exemplo mais bem acabado. Contudo e por suposto, esta lógica não é – e exatamente *não* pretende ser – a lógica da linguística moderna de corte laboviano, bloomfieldiano ou chomskyano, cujo relativo sucesso, de um lado, e cujo retumbante fracasso,[81] de outro, explicitam, para os infelizmente raros que conseguem entendê-la, sua real natureza: nela, na dita *linguística moderna*, o léxico, a morfologia, a sintaxe e a semântica *são*

---

[80] Este texto foi redigido para ser colocado no início da 4ª edição. Contudo, por abordar questões em que possivelmente muitos leitores não estão interessados, preferi deslocá-lo para o final, onde não criará problemas.

[81] Sucesso relativo em programas como processadores de texto, de tradução mecânica, de criptografia etc. Fracasso absoluto na área pedagógica, no ensino da língua etc. V. *Linguagem, poder e ensino da língua*, "Introdução".

conjuntos finitos de elementos invariáveis submetidos à análise combinatória (matemática) *e à lógica binária* (computação).

Mas a precisão absoluta da matemática e a lógica rudimentar dos sistemas binários nada têm a ver com linguagem e língua propriamente ditas. Por isto, este *Manual de pontuação* trabalha – e como poderia ser diferente? – tendo por base a variabilidade quase infinita da sintaxe, a fluidez não raro sutilíssima da semântica, a maleabilidade quase absoluta da estilística e a funcionalidade não raro devastadora da retórica.

Portanto, esta é uma obra – sempre provisória e sempre em busca de uma perfeição, mais do que inatingível, inexistente – de um *instrutor*. E não um dogma. Nem muito menos um teorema ou um programa de computador. Estes ficam reservados para os pretensiosos, os tolos e os ignorantes. Particularmente àqueles que passam sua vida desenhando *árvores sintáticas*. Estes, aliás, em vez de massacrar com elas os infelizes de seus alunos, deveriam subir nelas. Seria mais condizente com sua, deles, natureza.